金融市场交易策略

嵌套理论

方晓滨 ◎ 著

电子工业出版社
Publishing House of Electronics Industry
北京·BEIJING

内 容 简 介

本书所介绍的嵌套理论适用于股票、期货等多个金融交易领域。全书分为理论篇、技术篇、系统篇和应用篇四个部分，深入浅出、图文并茂地向读者介绍了嵌套理论及配套的三大定律在股票、期货交易过程中的应用方法。本书能够帮助投资者建立正确的交易理念，并手把手地传授建立具体交易系统的方法，具有很强的实战指导价值。

本书将理论与实战相结合，不但适合广大中小投资者阅读，而且对机构投资者也有很大的参考价值。

未经许可，不得以任何方式复制或抄袭本书之部分或全部内容。
版权所有，侵权必究。

图书在版编目（CIP）数据

金融市场交易策略：嵌套理论 / 方晓滨著. —北京：电子工业出版社，2022.12

ISBN 978-7-121-44459-3

Ⅰ. ①金… Ⅱ. ①方… Ⅲ. ①金融交易－市场交易－金融策略 Ⅳ. ①F830.9

中国版本图书馆 CIP 数据核字（2022）第 197890 号

责任编辑：黄爱萍　　　　特约编辑：田学清
印　　刷：北京天宇星印刷厂
装　　订：北京天宇星印刷厂
出版发行：电子工业出版社
　　　　　北京市海淀区万寿路 173 信箱　　邮编：100036
开　　本：720×1000　1/16　印张：12.5　字数：240 千字
版　　次：2022 年 12 月第 1 版
印　　次：2022 年 12 月第 2 次印刷
定　　价：69.00 元

凡所购买电子工业出版社图书有缺损问题，请向购买书店调换。若书店售缺，请与本社发行部联系，联系及邮购电话：(010) 88254888，88258888。

质量投诉请发邮件至 zlts@phei.com.cn，盗版侵权举报请发邮件至 dbqq@phei.com.cn。

本书咨询联系方式：(010) 51260888-819，faq@phei.com.cn。

PREFACE 前言

嵌套理论是笔者在 2016 年 5 月出版的《期货操作策略》一书中首次提出的应用于期货交易的操作理论,但就嵌套理论的本质而言,它适用于所有投机交易,因此也适用于股票交易。本书以股票市场和期货市场相结合的方式,详细阐述了嵌套理论在股票交易和期货交易中的应用方法。

本书内容是笔者对自己近 30 年交易经验的总结。

笔者在 1993 年甫入股票市场时,根本不懂证券交易的理论知识。作为刚从大学毕业的理科生,笔者坚信只要掌握公司的基本面、学透技术分析,就一定可以通过交易赚钱。于是,为了能够看懂那些资产负债表、招股说明书,笔者开始如饥似渴地学习,为此还专门报名参加复旦大学经济学函授班的培训。此外,笔者还认真学习法律知识,一举通过了律师资格考试,从此走上了执业律师之路。之后,笔者于 2000 年取得了中华人民共和国司法部和中国证券监督管理委员会唯一一次颁发的律师从事证券法律业务资格证书,并在上市公司独立董事制度问世之初,完成了上市公司独立董事培训。目前,笔者主要的工作内容是大宗商品交易场所、期货和衍生品领域的相关法律工作。

除了学习证券基础知识,笔者还认真学习各种交易知识。但当时市面上很少有系统的学习资料,于是《中国证券报》《上海证券报》就成了笔者最好的学习资料。除此之外,《股票买卖技巧》这样的小册子是笔者最初的扫盲读物,张龄松先生的《股票操作学》是笔者阅读的第一本系统的交易著作。当时计算机都是稀罕之物，更别说交易软件了，一套"乾龙"分析系统被证券公司奉为至宝，仿佛就是赚钱的"神器"。为了将理论联系实战，笔者只能去买大张的坐标纸，每天按照报纸上的数据自制上证指数的K线图，然后分析预测下一个交易日的行情并进行实战交易。

应该说，年轻时的刻苦学习为笔者后来学习大量的经典交易理论（如道氏理论、艾略特波浪理论等）打下了坚实的基础，并且让笔者在阅读约翰·墨菲、斯坦利·克罗等人的著作时取得了事半功倍的效果。

嵌套理论就是笔者在学习前人知识的基础上悟出来的。

笔者相信，现在的年轻人和自己一样有着对知识的渴求，并且目前的学习条件很便利，什么资料都唾手可得。但在知识爆炸的时代，投资者该如何挑选出最适合自己的学习内容呢？又该如何进行学习呢？笔者的很多朋友都是在学习上下过苦功夫的，看过的书并不比笔者少，但在交易实战中仍然亏损，这究竟是为什么呢？笔者归纳了一下，应该有以下两点原因。

1．不求甚解

这一点很好理解，就是你虽然读了很多书，但是根本就没有读懂。这类人其实很多，虽然自诩看过不少书，但其实在书买回来后只是将其放在书架上，根本没有用心去看，然后就带着大笔资金杀入市场，那必然会导致"盲人骑瞎马，夜半临深池"的结果。或者他们虽然认真读过几本书，各种基本面、技术面说起来头头是道，自以为什么都懂，但只知道皮毛，不知究竟，就匆忙出阵，结果在实战中发现学到的东西都不管用，于是开始怀疑那些经典理论，从而丧失学习的动力和交易的信心。

2．知行不一

其实能够达到"知行不一"这种境界也并不容易，因为你首先必须"知"，而这一点笔者认为至少有一半以上的投资者是无法达到的。解决"知行不一"这个问题并不是笔者所能代劳的，因此不再展开论述。大家应该首先解决"知"的问题，本书就是对此的一次尝试。

就交易而言，一般可分为两派，即基本面派和技术分析派。其实要做好交易，这两派都很重要。借本书出版之机，笔者和大家聊聊自己的学习心得。

1. 如何拓宽自己的知识面

"汝果欲学诗，工夫在诗外。"很多看似跟交易没有直接关系的知识，其实都会影响到你的交易结果，因为这些知识实际上构成了你的交易能力，因此投资者首先应当拓宽自己的知识面。

比如，想要购买一家医药企业的股票，你不仅要了解这家企业的产品适用范围、行业地位和国家医保政策等基础知识，还要了解国际关系、国内政治环境和经济政策，甚至还要掌握大量历史、文化、外交等方面的知识，这样你才能真正懂得疫苗、特效药、中成药等医学知识对你的投资的影响。

为了拓宽知识面，广泛地阅读经典著作是必不可少的途径。哪怕仅仅从减少亏损的角度出发，你也应该增加阅读的时间。笔者觉得如果你能多读一些经济学、心理学和逻辑学方面的书籍，一定会给你的交易带来不少潜移默化的积极影响。比如，亚当·斯密的《国富论》、古斯塔夫·勒庞的《乌合之众》、梅森·皮里的《有用的逻辑学》、曼昆的《宏观经济学》和《微观经济学》等，这些都是各个领域的必读著作，大家可以根据自己的知识水平由浅入深地展开学习。

2. 应该读哪些经典的投资交易著作

坊间关于投资交易的书籍汗牛充栋，并且以技术分析类书籍为主，其中最经典的当属约翰·墨菲的《金融市场技术分析》（该书原名为《期货市场技术分析》，可见技术分析的应用并不局限于期货市场）。该书内容翔实，体系完备，如果能够认真读完并消化此书，你的技术分析能力就可以过关了。但也正因为这是一本经典著作，其内容较深奥，所以新人阅读起来还是有一定难度的。

作为学习技术分析的入门级读物，托马斯·梅耶斯的《技术分析入门的 20 堂试炼》是一本教科书式的小册子。如果你能学完这本书的内容，再读《金融市场技术分析》等经典技术分析著作就容易得多了。

当然，经典的技术分析著作还有很多，如罗伯特·D.爱德华兹等人著的《股市趋势技术分析》、杰克·施威格著的《期货交易技术分析》等。不过这些书的内容都大同小异，学透一本，再看其他的自然事半功倍，你会有融会贯通、"一览众山小"的感觉。

除了要学习技术分析，读一些能够给自己带来正确投资理念的书更为重要。陈江挺的《炒股的智慧》、斯坦利·克罗的《期货交易策略》、杰西·利弗莫尔的《股票作手回忆录》等都是必读书。笔者认为读这些书比单纯学习技术分析更为重要。

除了阅读上述经典著作，你还可以根据自己的交易风格有针对性地选择一些交易类书籍进行学习，如亚历山大·埃尔德的《以交易为生》、威廉·欧奈尔的《笑傲股市》，以及《海龟交易法则》和《缠中说禅——教你炒股票》等，以此来完善自己的交易系统。如果你真能把这些书都读懂，那么你的交易水平将会有很大的飞跃。

早在2016年拙著《期货操作策略》热销之时，该书的责任编辑电子工业出版社的黄爱萍女士就希望笔者能够再写一本股票投资方面的书籍。其实笔者个人认为，不论是股票交易还是期货交易，本质上都是投机交易，它们的特性都是共通的。笔者也正有意将在《期货操作策略》中初步提出的嵌套理论进行系统化的论述，因此答应了黄女士的邀请。但自2016年下半年开始，笔者因参与清理整顿各类交易场所的工作，在短短几年时间里办理了数百起案件，几乎每个星期都在国内各地奔波，因此无暇静下心来写作。2019年9月笔者又因病在家休养，所以本书的写作就一直被耽搁了下来。其间，笔者的不少学生、好友不仅一直关心笔者的身体，还在询问这本新书的进度，这使得笔者又鼓起勇气，重新动笔来完成这一艰巨的任务。

虽然嵌套理论是笔者的首创，但其实我们在很多前人的经典交易理论中也能发现嵌套理论的影子，笔者只不过从个人角度对其进行了归纳、总结，嵌套理论本身也依赖于传统的技术分析手段。正如艾萨克·牛顿所说："如果我比别人看得更远，那是因为我站在巨人的肩上。"本书虽然冠名"理论"，但实际上属于一本投资入门书。笔者在写作时试图以通俗易懂的语言来阐述那些艰深的投资理论，并尽量把整个嵌套理论的交易体系写得框架清楚、逻辑清晰、思路明确，让交易变得简单而富有节奏和乐趣。在写作过程中，笔者的助理钱越完成了交易流程图的制作，笔者的徒弟 sunny 花费了大量的时间和精力校对书稿，在此一并表示感谢。

2020 年 4 月 20 日，WTI 原油 5 月期货合约 CME 结算价居然出现了 -37.63 美元 / 桶这样史无前例的负结算价格。2022 年 2 月，全球大宗商品价格暴涨，LME 的镍甚至出现在一天内价格几乎翻番的行情。在这种情况下，本书介绍的嵌套理论是否仍然适用？笔者认为，实践是检验真理的唯一标准，时间会证明一切。本书成书时已是 2022 年 3 月初，读者可以自行验证嵌套理论在实践中的应用效果。

庄子云："吾生也有涯，而知也无涯。以有涯随无涯，殆已！已而为知者，殆而已矣！"交易的知识浩如烟海，不存在一成不变的赚钱秘诀，嵌套理论同样如此。笔者希望读者能够努力学习各种交易知识，但不要死记硬背，不要把自己变成书呆子，而是要借助所学知识开发自己的智慧，做到一通百通、一闻千悟，这才是正确的学习方法。希望嵌套理论能够给读者带来这样的启发，这也就达到笔者撰写本书的目的了。

窗外盛开的樱花告诉我们，春天终于来了！

方晓滨

2022 年 3 月 18 日于无锡

目录

第1篇 理论篇

第1章 嵌套理论 ... 1
- 1.1 嵌套理论的基本内容 ... 2
  - 1.1.1 趋势嵌套震荡 ... 2
  - 1.1.2 震荡嵌套趋势 ... 6
- 1.2 嵌套理论在市场中的表现 ... 7
  - 1.2.1 嵌套理论在股票市场中的表现 ... 8
  - 1.2.2 嵌套理论在商品期货市场中的表现 ... 11

第2章 嵌套理论和经典交易理论的对比 ... 14
- 2.1 道氏理论 ... 14
  - 2.1.1 道氏理论的主要内容 ... 14
  - 2.1.2 嵌套理论和道氏理论的对比 ... 16
- 2.2 艾略特波浪理论 ... 18
  - 2.2.1 艾略特波浪理论的主要内容 ... 18
  - 2.2.2 嵌套理论和艾略特波浪理论的对比 ... 19

第3章 嵌套理论第一定律 ... 21
- 3.1 嵌套理论第一定律的内容 ... 21
- 3.2 如何判断现有走势是趋势还是震荡 ... 23

3.2.1　趋势的定义和判断 ··· 23
　　　3.2.2　震荡的定义和判断 ··· 28

第 4 章　嵌套理论第二定律 ··· 31
4.1　嵌套理论第二定律的内容 ··· 31
4.2　趋势的中止 ··· 32
　　　4.2.1　趋势中止的判断 ··· 32
　　　4.2.2　趋势的恢复或终止 ··· 37
4.3　趋势终止的判断 ··· 38
　　　4.3.1　根据走势形态进行判断 ··· 39
　　　4.3.2　根据技术分析指标进行判断 ··· 42

第 5 章　嵌套理论第三定律 ··· 43
5.1　嵌套理论第三定律的内容 ··· 43
　　　5.1.1　关于嵌套理论第三定律 ··· 43
　　　5.1.2　关于止损点 ··· 44
5.2　止损关键位 ··· 45
　　　5.2.1　趋势交易策略中的止损关键位 ··· 46
　　　5.2.2　震荡交易策略中的止损关键位 ··· 48
　　　5.2.3　突破的确认 ··· 49
5.3　嵌套理论的止损策略 ··· 50
　　　5.3.1　可以死扛的头寸 ··· 50
　　　5.3.2　不能死扛的头寸 ··· 53
　　　5.3.3　止损时的注意点 ··· 55

第 2 篇　技术篇

第 6 章　走势分析 ··· 57
6.1　技术分析的作用 ··· 57
6.2　趋势形态分析和震荡形态分析 ··· 59
　　　6.2.1　趋势形态分析的主要注意事项 ··· 59

6.2.2 震荡形态分析的主要注意事项 ·················· 72
6.3 图形形态 ··· 72
6.3.1 图形形态的数学量化 ························· 72
6.3.2 值得交易的形态 ······························ 77
6.3.3 不值得交易的形态 ···························· 82

第 7 章 基本技术分析指南 ·································· **88**
7.1 趋势指标和震荡指标 ································ 88
7.2 趋势指标 ··· 90
7.2.1 移动平均线 ································· 90
7.2.2 MACD ······································ 92
7.3 震荡指标 ··· 94
7.3.1 KDJ 指标 ··································· 94
7.3.2 相对强弱指数（RSI） ······················· 96
7.4 技术分析指标的局限 ································ 97
7.4.1 如何选择技术分析指标 ······················ 97
7.4.2 多个技术分析指标的共振效果 ··············· 98
7.4.3 主观进场，客观离场 ························ 99

第 3 篇　系统篇

第 8 章 嵌套理论的交易理念 ································ **101**
8.1 为什么要建立交易系统 ····························· 101
8.2 嵌套理论的交易理念 ······························· 105
8.2.1 不要预测市场，而要追随市场 ············· 105
8.2.2 要顺势交易 ································ 107
8.2.3 要低频交易 ································ 111
8.2.4 要做好资金管理 ··························· 113
8.2.5 要做好仓位管理 ··························· 115
8.2.6 要坚决按规则止损 ························· 119

  8.2.7　保持交易的一致性 ……………………………………………… 122
 8.3　嵌套理论交易系统的核心 …………………………………………… 123
  8.3.1　嵌套理论交易系统的组成和核心 ………………………………… 123
  8.3.2　使用嵌套理论交易系统的注意事项 ……………………………… 124

第9章　嵌套理论的趋势交易策略 ……………………………… 127

 9.1　嵌套理论交易系统的整体思路 ……………………………………… 127
 9.2　趋势交易策略的建仓 ………………………………………………… 129
  9.2.1　建仓前需要考虑的问题 …………………………………………… 129
  9.2.2　建仓的时机 ……………………………………………………… 130
  9.2.3　建仓的注意点 …………………………………………………… 138
 9.3　趋势交易策略的平仓 ………………………………………………… 139
  9.3.1　平仓的目的和概念 ……………………………………………… 139
  9.3.2　趋势交易策略的平仓方法 ………………………………………… 140
  9.3.3　趋势的终止或延续 ……………………………………………… 141
 9.4　趋势交易策略操作示例 ……………………………………………… 142

第10章　嵌套理论的震荡交易策略 …………………………… 150

 10.1　震荡交易的整体思路 ………………………………………………… 150
 10.2　震荡交易策略的建仓 ………………………………………………… 152
  10.2.1　建仓位置的选择 ………………………………………………… 152
  10.2.2　仓位的选择 …………………………………………………… 154
 10.3　震荡交易策略的平仓 ………………………………………………… 155
 10.4　震荡交易策略的止损 ………………………………………………… 156
 10.5　震荡交易策略的注意点 ……………………………………………… 158

第4篇　应用篇

第11章　嵌套理论交易方法同其他常见交易方法的比较 …… 159

 11.1　均线交易法 …………………………………………………………… 160
  11.1.1　均线交易法使用的前提 ………………………………………… 160

  11.1.2 格兰维尔移动平均线交易法 ················· 161
  11.1.3 嵌套理论对格兰维尔八大交易法则的解读 ········ 161
 11.2 三重滤网交易系统 ························· 163
 11.3 箱体理论 ····························· 164
 11.4 缠论 ······························· 166

第 12 章 嵌套理论对交易实践的总结 ················ **170**

 12.1 要和强者站在一起 ························· 170
 12.2 不要吃鱼头和鱼尾 ························· 174
 12.3 如何进行追涨杀跌 ························· 177
 12.4 如何面对极端行情 ························· 180
 12.5 嵌套理论交易流程图 ······················· 183

后记 ································· **185**

第 1 篇　理论篇

第 1 章
嵌套理论

　　嵌套理论是笔者自创的一种直接用来指导交易的理论，最早在笔者2016年出版的《期货操作策略》一书中出现。《期货操作策略》一书完整地阐述了嵌套理论的内容和实际应用方法。

　　嵌套理论不是一个单纯用于预测行情的理论，而是一个用于指导投资交易的理论，它的作用在于直接指导投资者进行操作。嵌套理论的提出，最初主要是为了解决在商品期货交易过程中，投资者在行情的走势出现"趋势→震荡→趋势"的转换过程时面临的难以操作的问题。但就嵌套理论的本质而言，它其实是一个投机交易策略，除可以适用于商品期货交易外，同样可以适用于股票交易和外汇交易，甚至适用于加密货币等其他各种投机交易。因此本书在举例说明时，既包括商品期货，也包括股票。

在嵌套理论的指导下，我们在一个大的趋势行情演变过程中，可以更好地把握节奏，根据行情演化的不同阶段，采用不同的交易策略，从而让自己安全地到达行情的终点。当行情在一个大的区间震荡时，我们同样可以按照嵌套理论的指导，不至于浪费价值未必很小的行情。

1.1 嵌套理论的基本内容

嵌套理论：

在一个大级别的趋势走势中，必然包含了若干小级别的震荡走势；在一个大级别的震荡走势中，也必然包含了若干小级别的趋势走势。

从嵌套理论的内容来看，很显然这不是一个单纯的行情预测理论，它不像道氏理论、艾略特波浪理论和江恩理论那样对行情的演变给出一个预测，也不像海龟交易法则、亚历山大·埃尔德的三重滤网交易系统那样给你一个具体的操作方法。嵌套理论只是揭示了行情演变的基本规律，无论什么品种，无论行情运行在哪一个阶段，都无法逃脱这一规律。无论是大周期（月、周级别）还是普通的日 K 线级别的周期，抑或是小周期（小时、15 分钟、5 分钟级别），嵌套理论所展示的规律都存在。只是周期的级别越小，走势的趋势性越不稳定，会更容易在"趋势—震荡"中进行转换。

1.1.1 趋势嵌套震荡

一个品种的走势一旦进入趋势状态，往往会持续很长时间，有时甚至可能运行几年之久。趋势运行的时间越长，在这个运行过程中越会出现明显的趋势嵌套震荡的形态，并且这种震荡形态大多数是以平台的形式出现的。

图 1-1 所示是 2013 年 12 月至 2016 年 1 月上海期货交易所螺纹钢加权指数的走势，它呈现出了非常明显的"趋势→震荡→趋势→震荡→趋势"这样的规律，并且大多数震荡是以震荡平台的形式出现的。"趋势→震荡→趋势"的规律贯穿了趋势运行的全过程，下跌趋势最后通过构筑底部形态而终止，并通过反转形成了一个新的上涨趋势。

图 1-1　2013 年 12 月至 2016 年 1 月上海期货交易所螺纹钢加权指数的走势

有一点需要向读者说明的是，震荡的形式有很多种，震荡平台只是最为常见的形式之一。本书为了简洁起见，在举例时大多以震荡平台为例，这其实也是体现嵌套理论低频交易理念的一种做法，读者读完全书自然就能理解这个道理了。

图 1-2 所示是上海期货交易所沪铜加权指数在 2020 年 4 月至 2021 年 6 月的走势，沪铜加权指数在上涨过程中同样呈现出了非常明显的"趋势→震荡→趋势→震荡→趋势"这样的规律，并且震荡也主要是以震荡平台的形式体现出来的。

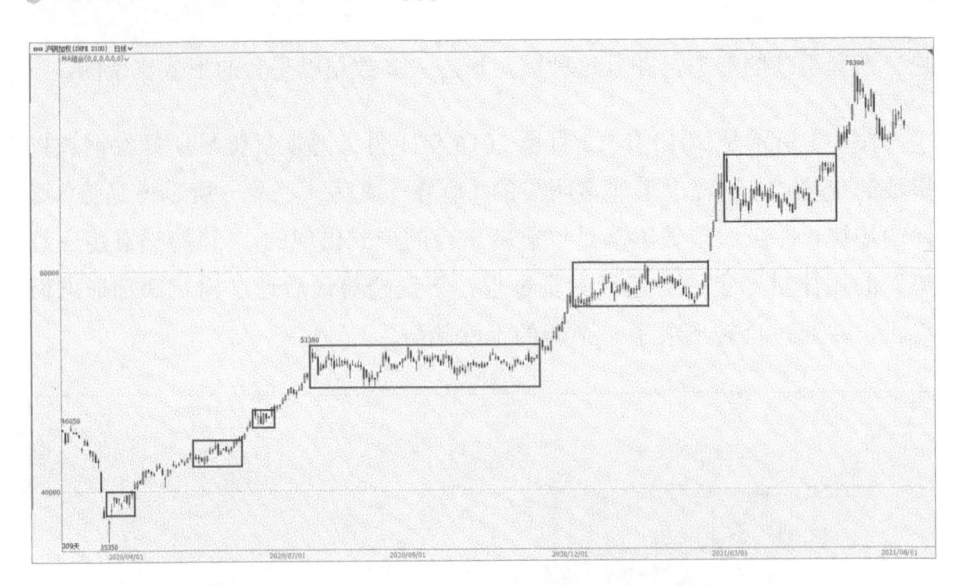

图 1-2 2020 年 4 月至 2021 年 6 月上海期货交易所沪铜加权指数的走势

　　图 1-3 所示是 2014 年至 2015 年上海证券交易所上证指数的走势。我们同样可以看出，上证指数不论是在上涨过程中还是在下跌过程中，都呈现出了非常明显的"趋势→震荡→趋势→震荡"的规律。

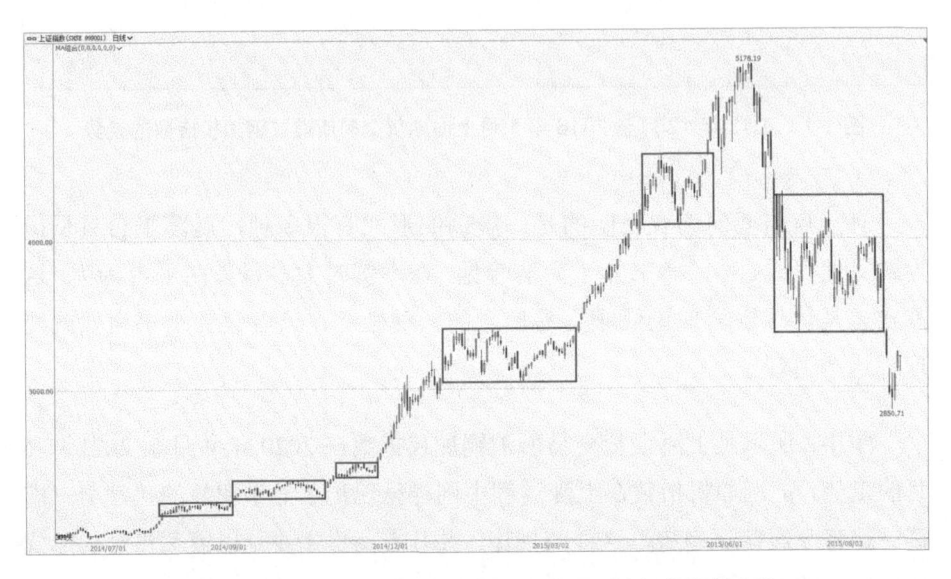

图 1-3 2014 年至 2015 年上海证券交易所上证指数的走势

另外，在一个大的趋势运行过程中，我们同样可以把趋势运行的趋势线和通道线看成一个震荡区间的上沿和下沿，并在这个趋势通道内按照震荡策略进行操作，这是嵌套理论对传统理论中趋势线的解释。

如图1-4所示，同样是2012年12月至2016年1月上海期货交易所螺纹钢加权指数的走势，但这张图使用了传统的趋势线和通道线。我们可以看到，螺纹钢价格的下跌趋势就是在这个震荡管道内稳健地运行的，直到最后走出震荡管道，形成一个新的趋势。

对于图1-4中的震荡管道，我们可以把它理解成由倾斜的支撑位和压力位构成的震荡空间，并把趋势线和通道线看成支撑线和压力线。

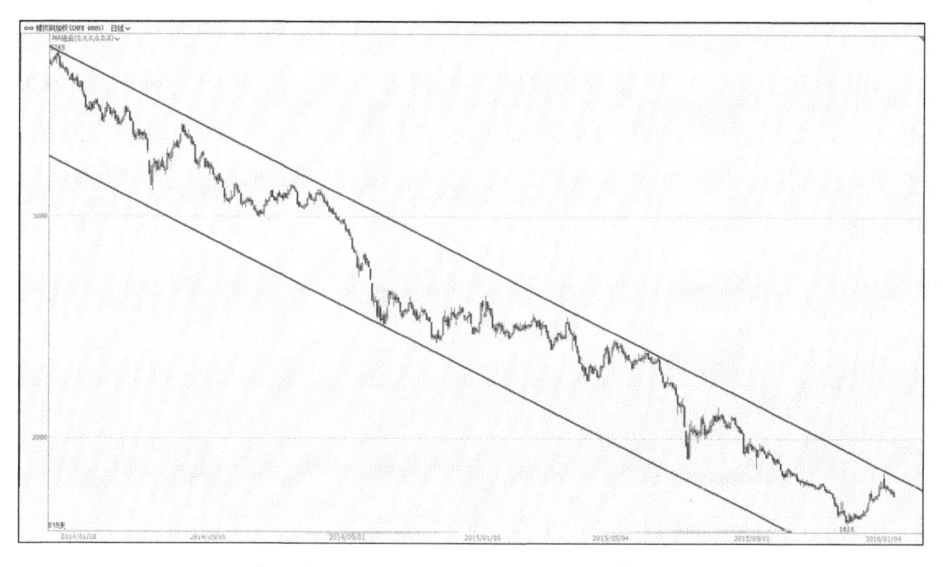

图1-4 使用传统的趋势线和通道线的上海期货交易所螺纹钢加权指数的走势图

了解嵌套理论"一个大趋势在运行一个阶段后必然会形成震荡"的意义在于：我们可以在走势从趋势转为震荡时，先将趋势交易策略改变成震荡交易策略。在震荡走势运行一段时间后，行情会沿着趋势的原方向继续进行或改变原来趋势的运行方向，届时我们再随机应变，改变交易策略。如此循环，直至趋势终止。

总结：在一个大趋势的运行周期中，趋势嵌套震荡的形态是非常明显的，即表现为"一波明显的趋势→震荡→再一波明显的趋势→震荡→再一波明显的趋势→震荡→趋势终止"这样的运行规律，同时这个大趋势的运行，又经常是以震荡管道的形式出现的。

1.1.2　震荡嵌套趋势

很多品种在一段较长的时间里不会有很强烈的趋势走势，相反会呈现出很明显的宽幅震荡。这种宽幅震荡的主要特点是：每次上下震荡的时间较长，通常要在一个月以上；震荡的区间相对比较稳定，支撑位和压力位较为清晰；在震荡区间内能形成小级别的趋势走势。

图 1-5 所示是 WTI 原油指数的日 K 线走势图。在 2019 年 4 月至 2020 年 2 月，原油大致在 50~64 美元/桶这个不到 15 美元的区间范围内震荡。在这个区间内，每一次从高点到低点、从低点到高点，都是一个小级别的趋势走势。

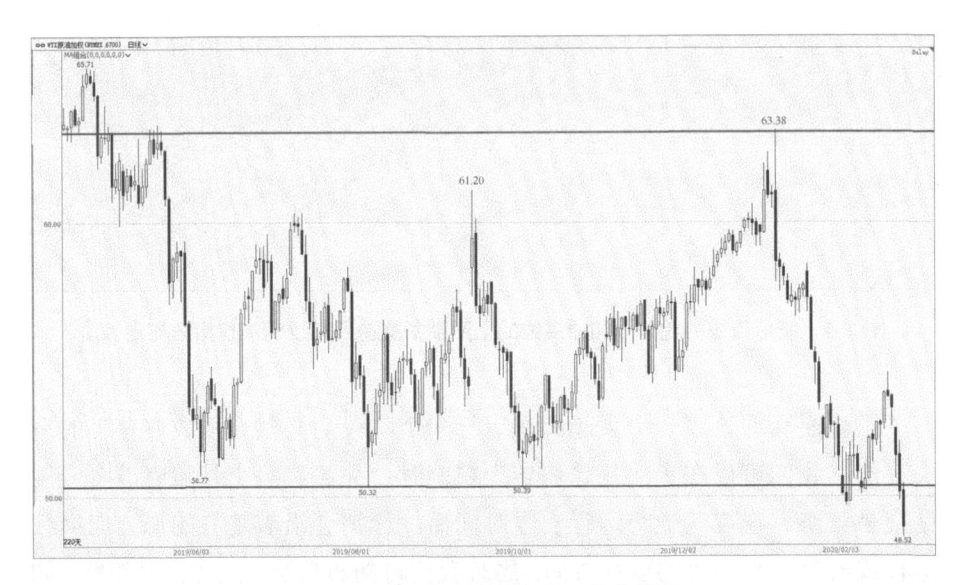

图 1-5　WTI 原油指数的日 K 线走势图

图 1-6 所示是华天酒店的走势图，连续多年，该股票一直在 2.2 元/股～4.2 元/股的价格区间内震荡，其中包含不少短期的上涨和下跌趋势。

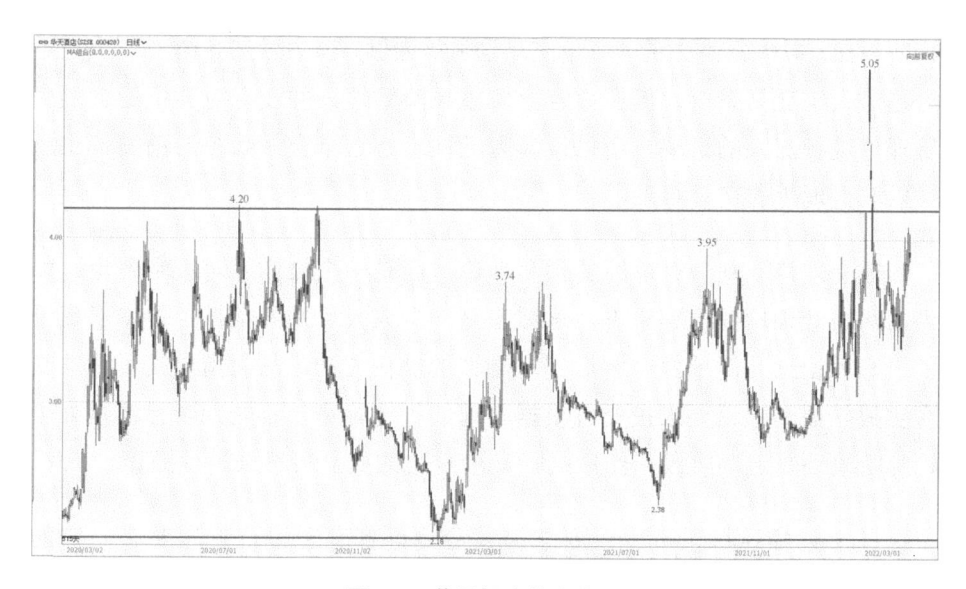

图 1-6　华天酒店的走势图

对于震荡嵌套趋势的走势，根据嵌套理论，我们主要采取的是震荡交易策略，争取拿下大部分时间段的行情，并在走势突破震荡区间后改为趋势交易策略。

1.2　嵌套理论在市场中的表现

任何一种理论都应该为交易实战服务。

一种理论如果没有配套的交易策略，那么它的价值就主要体现在学术研究上，只有当这种理论被辅以具体的操作策略时，其才具有实战价值。比如，著名的道氏理论是股票交易的经典理论，能客观地反映股票的长期运行规律，但几乎没有人将道氏理论作为操作的指导依据，而是将其作为宏观指导思想，再根据一套以技术分析为支持的交易系统来进行操作，如格兰维尔移动平均线交易法。

同样，任何一种操作策略，必须有理论指导，才能让使用者知其然且知其所以然。以大家熟知的《海龟交易法则》为例，该书虽然介绍了一个完整的趋势跟踪交易系统，但在内容上侧重风险管理，并没有对其中隐含的交易理论进行深入的讲解，所以很多人无法理解这个交易系统的精髓，也就难以取得理想的交易结果了。

嵌套理论不是一个单纯的预测理论，而是一个操作应对策略理论。如果仅从嵌套理论的内容来看，这似乎是一个人人尽知的常识，但本书赋予了嵌套理论这一简单内容背后相对刚性的操作方法，从而指导投资者的交易实战。嵌套理论要求投资者根据目前的行情走势，首先判断行情是处于趋势阶段还是震荡阶段，然后选择一个合适的交易策略来进行操作。

从上述描述可以看出，要掌握并应用好嵌套理论，首先要有一定的技术分析能力，能够分辨出目前行情走势所处的阶段，为选择某一种交易策略打好基础；其次，要熟练掌握本书所介绍的分别适用于趋势阶段和震荡阶段的交易策略，并且在实践中坚决贯彻之。而要做到这些，我们必须有一个完整的交易思想。这些都是本书要介绍给读者的，本书也将以此展开。

走出书斋，面向市场，这样嵌套理论才能实现应有的价值。

为了验证嵌套理论的普遍适用性，我们分别以股票市场和商品期货市场为例，来看一下它们的中长期走势是否符合嵌套理论的描述。

1.2.1　嵌套理论在股票市场中的表现

图 1-7 所示是上证指数在 2014 年 7 月至 2015 年 7 月的走势，现在让我们回顾一下，上证指数在这次上涨行情中是如何对应嵌套理论的。

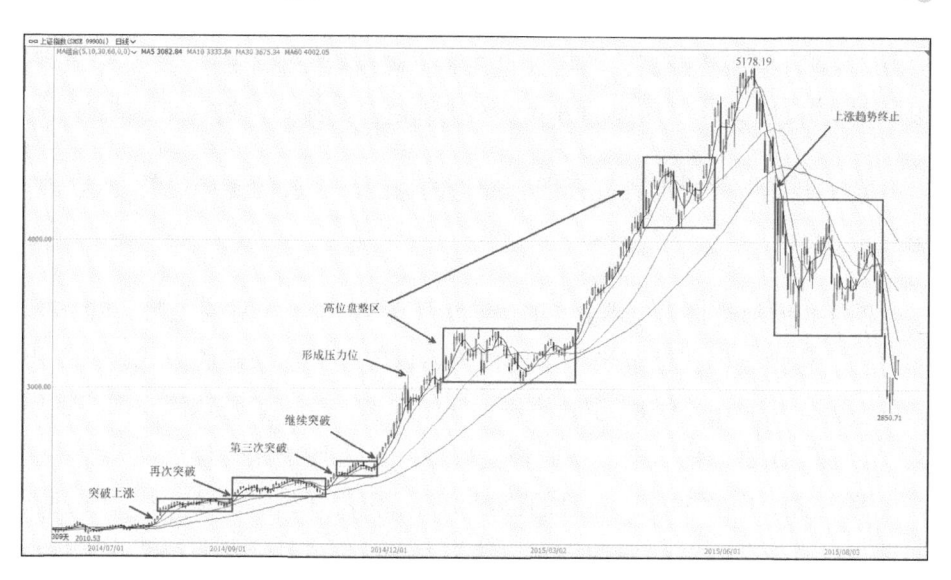

图1-7 上证指数在2014年7月至2015年7月的走势

2015年股市波澜壮阔的行情是从2014年下半年开始启动的。在经历了长达几年的底部盘整后，股市从2014年7月底开始突破上涨。在经历了几个上涨过程中的震荡阶段后，再通过几个"快速上涨—剧烈震荡"的循环，指数创造了历史的新高，完全符合嵌套理论关于"在一个大级别的趋势走势中，必然包含了若干小级别的震荡走势"的论述。这次行情的具体走势如下：

2014年7月25日，上证指数以连续的小阳和跳空的形态，突破了长达半年之久的震荡区间，开始上涨。在行情展开的初期，投资者们信心不足。上证指数经过了一个多月的震荡盘整，在9月2日突破震荡区间，向上前进了一步。然后又经过一个多月的震荡盘整，到10月31日进行了第三次的突破。11月24日，上证指数再次突破盘整，表现出明显的上涨趋势。12月9日，上证指数通过一根大阴线进行震荡调整，并形成了以该日高点为压力位的震荡区。12月26日在上证指数突破该压力位后，该压力位转化为支撑位，形成了高位盘整区。2015年3月中旬，上证指数突破3400点后再次快速上涨，在5月初构筑了一个以4500点为压力位的震荡区间。5月下旬，4500点的压力位被突破，上证指数在经过回踩确认后继续上涨至

5178.19 点，创历史新高。随后大盘在高位震荡后开始下跌，在 6 月 26 日以跳空低开跌破 60 日均线的方式宣布上涨趋势的终止，进入下跌趋势。

除了上证指数的走势符合嵌套理论的论述，个股的走势也符合这一理论的论述。

图 1-8 所示是格力电器在 2016 年 9 月至 2018 年 3 月的走势。2016 年 9 月初，格力电器在经过半年多的停盘后以连续一字涨停的方式拉开了上涨的序幕，然后在 23.58 元/股的位置开始回调，形成了长达两个多月的震荡。11 月 23 日，格力电器在股价突破 23.58 元/股的压力位后又开始了新一轮的上涨，并在 31.32 元/股的位置受阻，再次开始了震荡回调。在此次回调中，原来 23.58 元/股的压力位转化为支撑位，股价在获得两次支撑后开始震荡盘升，并在突破 31.32 元/股后形成了新的上涨趋势。股价在形成阶段性新高后开始回调，并在 36 元/股附近受到支撑，又经过三个月的震荡，再次向上突破。如此循环，直到创下 58.70 元/股的新高，跟起步相比，上涨幅度近 2 倍。回顾整个股价的上涨过程，可以看到其呈现出趋势嵌套震荡的形态。

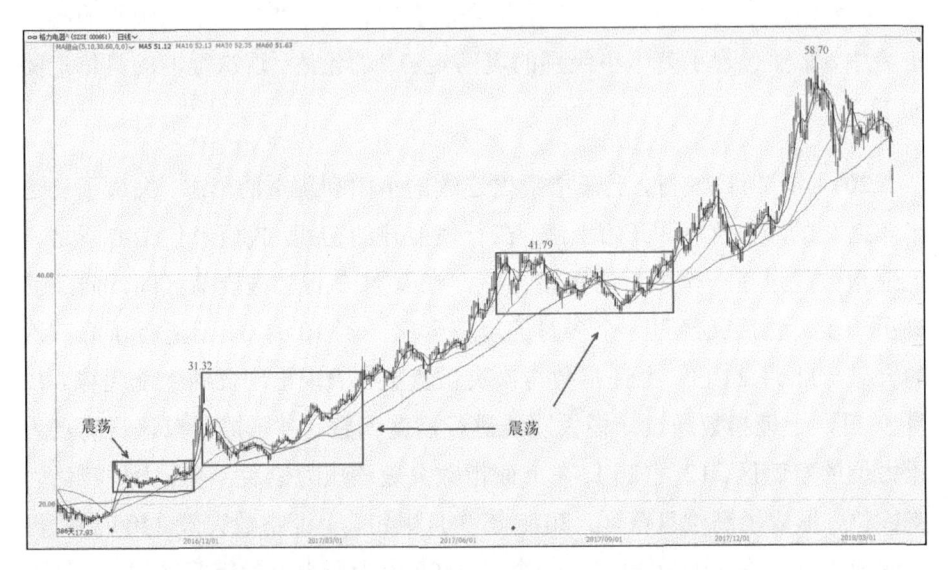

图 1-8　2016 年 9 月至 2018 年 3 月格力电器的走势

图 1-9 所示是小米集团在 2021 年 6 月至 2022 年 3 月的走势。小米集团在下跌过程中出现中期反弹，股价形成了 30.45 元/股的高位。在随后的一轮下跌中，股价走势清晰地体现出趋势嵌套震荡的形态。从图 1-9 可以看出，小米集团的股价通过一个又一个的震荡台阶在往下走，特别是在以 19.860 元/股为支撑位的区间盘整了一个多月后，在 2021 年 11 月 24 日以一根大阴线击破震荡区间底部。随后 19.86 元/股的支撑位变成了压力位，使得股价又开始了新一轮的震荡式下跌。

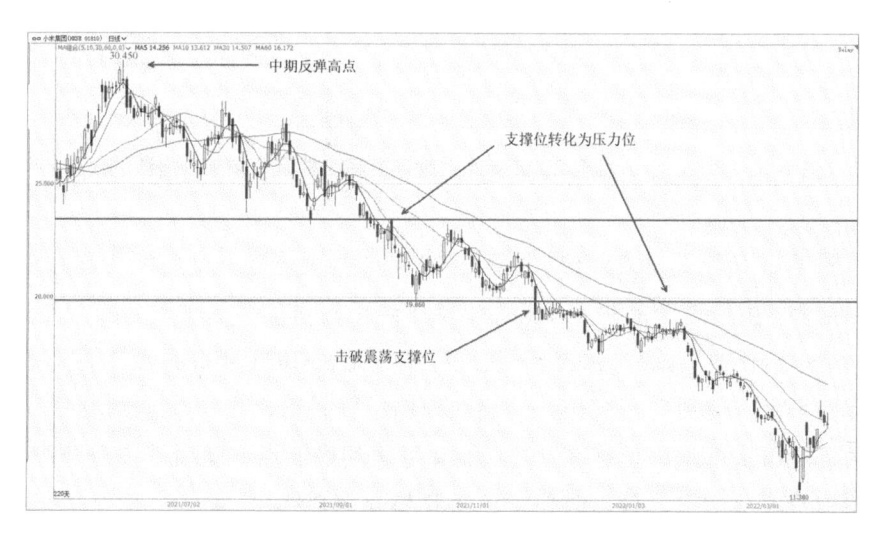

图 1-9 2021 年 6 月至 2022 年 3 月小米集团的走势

1.2.2 嵌套理论在商品期货市场中的表现

嵌套理论除了在股票市场中有所表现，在商品期货市场中也有相同的表现。为了让读者自行思考，笔者在图例中不再进行标识。

图 1-10 所示是大连商品交易所豆粕加权指数在 2020 年 7 月至 2022 年 1 月的走势。豆粕这个品种自 2006 年以来，最高价格在 4400 元/吨以下，最低价格在 2200 元/吨以上，十几年来基本上是在一个大的区间内震荡。但在这个大的震荡区间内，往往每隔几个月就会有一次多空的转换，属于震荡嵌套趋势的形态。

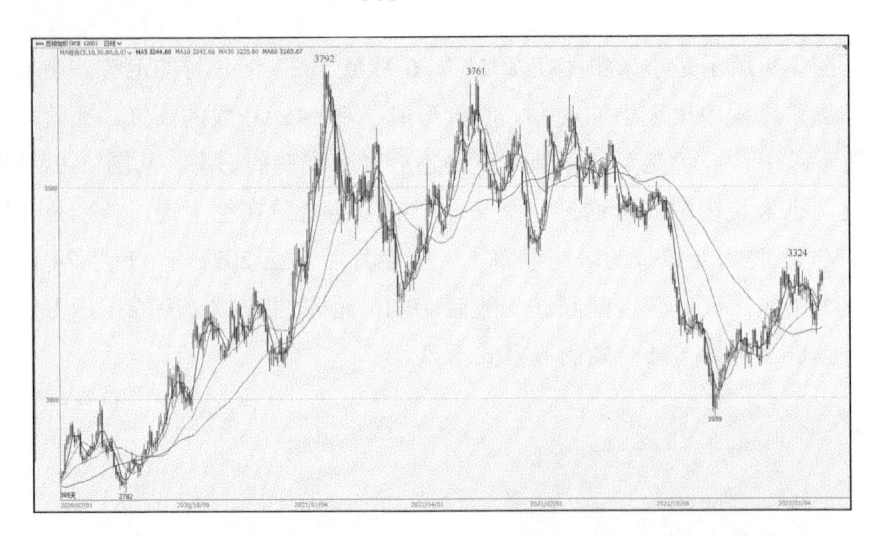

图 1-10　2020 年 7 月至 2022 年 1 月大连商品交易所豆粕加权指数的走势

图 1-11 所示是 2021 年 2 月至 2022 年 2 月大连商品交易所生猪加权指数的走势。生猪这个品种在上市后，除了经历短暂的"下跌—上涨"的震荡后，便开始长期下跌。指数在下跌过程中先是在 2021 年 3 月至 5 月形成一个震荡平台，然后向下突破，开启快速的下跌趋势，在 6 月反弹震荡了一个多月后再次下跌。价格在 2021 年 9 月达到最低点，随后下跌趋势中止，开始构筑底部形态，假以时日，下跌趋势一定会终止。

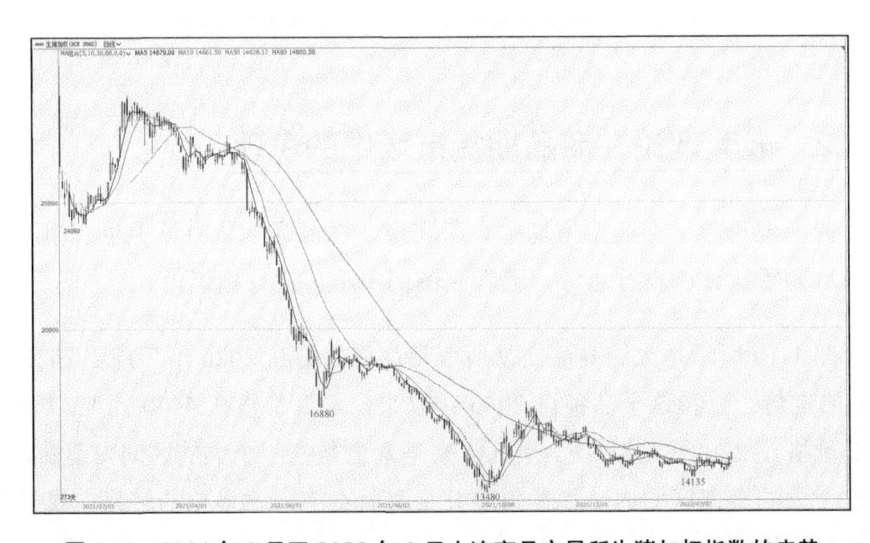

图 1-11　2021 年 2 月至 2022 年 2 月大连商品交易所生猪加权指数的走势

第 1 章　嵌套理论

我们再来看一下国际大宗商品中最具有代表性的原油指数的走势。

图 1-12 所示是 2020 年年初至 2022 年 2 月 WTI 原油加权指数的走势。我们可以看出，自 2020 年 4 月 21 日形成的最低价（18.12 美元/桶）开始，油价开始理性恢复上涨。在经过 5 月上旬 27～29.5 美元/桶的盘整后，油价开始了加速上涨，然后在 35～43 美元/桶形成了长达半年的震荡，随后一路上扬到 55～65 美元/桶的区间。在 2021 年 5 月至 2021 年 8 月，行情形成了疑似"双头"的顶部，但并没有跌破 61 美元/桶的底部，反而在 2021 年 10 月初突破了 73 美元/桶的前高，把油价推高到 80 美元/桶的位置。油价随后经过两个月左右的震荡回调，再次在 61 美元/桶处获得支撑，并伴随着国际局势的紧张，在这个震荡区间表现出流畅的上涨趋势，继而突破了这个震荡区间，在 2022 年 2 月 24 日创造了新高。

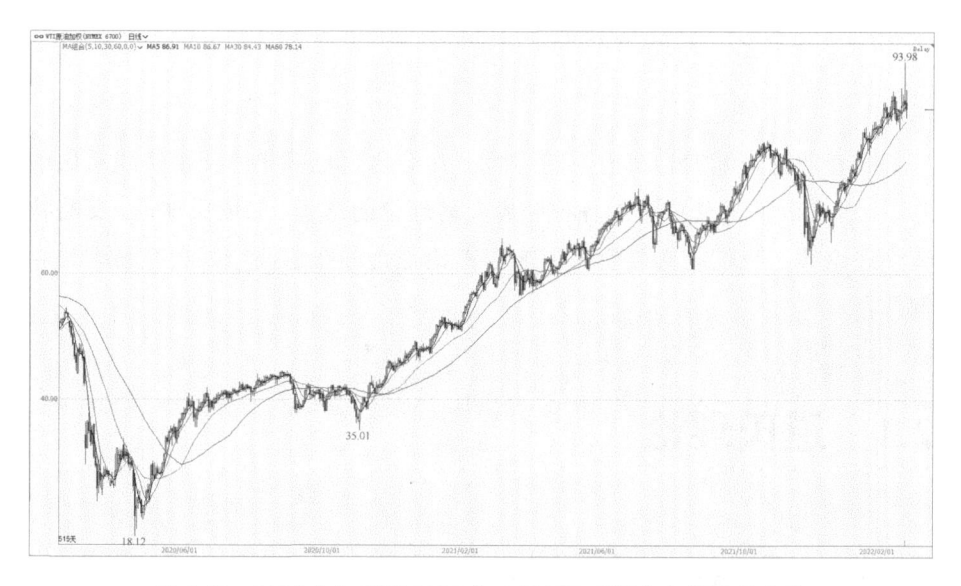

图 1-12　2020 年年初至 2022 年 2 月 WTI 原油加权指数的走势

从上面的例子我们可以看到，股票市场、商品期货市场中各个品种的走势都符合嵌套理论所阐述的运行规律。因此笔者坚信，投资者如果能够按照嵌套理论所提供的交易策略进行操作，一定会大大降低交易风险，同时取得不错的收益。

第 2 章

嵌套理论和经典交易理论的对比

嵌套理论是笔者站在前人的肩膀上,结合自己多年的交易实践所做的总结,因此我们能从中看到各种经典交易理论的影子,如道氏理论、艾略特波浪理论等。我们有必要看一下嵌套理论是否能跟这两个经典交易理论相契合。

2.1 道氏理论

2.1.1 道氏理论的主要内容

道氏理论是技术分析的基础,其创始人是美国人查尔斯·亨利·道。他与爱德华·琼斯创立了著名的"道琼斯平均指数",这个指数反映了美国股票市场的总体趋势。

道氏理论的主要内容为：

1. 股票价格平均指数反映了市场的一切变化。这一点与技术分析的第一个前提条件是一样的。道氏理论认为股票价格平均指数反映了所有影响股票供给和需求的因素，包括经济、政治、社会及投资者心理等，因此投资者无须考虑这些因素，只考虑股票价格平均指数就可以了。也就是说，股票价格平均指数的变动代表了市场所有投资者对股市的综合判断。

2. 道氏理论认为股票市场具有3类变动趋势。

主要趋势：在一段时间内股票价格走势所呈现出来的总的方向。一般来说，主要趋势通常持续一年以上，有时甚至好几年，是一种长期趋势。主要趋势又可以分为主要上升趋势（牛市）和主要下降趋势（熊市）。

次要趋势：相对于主要趋势而言，在股票市场主要趋势的演进过程中，会出现一些短期的、与主要趋势相反的逆向趋势，这些逆向趋势就是次要趋势，是对主要趋势的短期修正。比如，在主要上升趋势中，会出现短期的股票价格下跌，不过在次要下降趋势中，每一次下跌的谷底应该比最近的谷底高，否则就不构成主要上升趋势了。一般来说，这种下降的幅度在主要上升趋势的 1/3 到 2/3 之间，常见的回撤约为 1/2，即 50%。次要趋势通常会持续 3 周到 3 个月的时间。

短暂趋势：是主要趋势和次要趋势的一部分，指股票价格的日常波动。短暂趋势一般可持续几小时到几天，但一般不超过 3 周的时间。

3. 道氏理论认为，股票市场的主要趋势一般经历 3 个阶段。现以主要上升趋势（牛市）为例进行说明。

第一阶段：积累阶段。当股价处于低位时，如果一些有远见的投资者和分析人员认为股市的坏消息都已经发生，并预测经济情况在近期内会有所改善，那么在这一阶段，这些人就会购买股票，促使股票价格上涨。

第二阶段：公众参与阶段。由于经济状况的改善和公司盈利的增加，大批投资者进场购买股票，股票价格迅速上涨，交易量也急剧增大。

第三阶段：派发阶段。由于前一阶段股市传出的都是利好消息，股票价格已经上升到一个很高的位置，似乎有点支撑不住，这时一些有远见的投资者就会开始出售股票，随后其他投资者也开始大量抛售股票，股票价格就会下跌，熊市来临。

当然，在这3个阶段中，也会存在短期的股票价格下跌的情况。

4. 一旦股市的长期趋势（牛市或熊市）被确认，该趋势就会继续下去，直到另一个长期反向趋势被确认时为止。

道氏理论其他的内容与本书内容无关，我们不再详细论述，有兴趣的读者可以去找相关书籍进行了解。

2.1.2 嵌套理论和道氏理论的对比

根据道氏理论，趋势分成3类：主要趋势、次要趋势和短暂趋势。

嵌套理论认为，在一个大级别的趋势行情中必然包含若干小级别的震荡行情，这就对应了道氏理论中"主要趋势的运行过程中包含次要趋势"的论述。

如图2-1所示，根据道氏理论，上证50ETF的走势在2014年11月至2015年6月表现为上升的主要趋势，在2015年1月至2015年3月中旬表现为次要趋势，其中的各个短暂波动都属于短暂趋势。在2015年7月下旬之后，上涨趋势被确认出现了反转信号，原趋势终止并反转。

如图2-2所示，根据嵌套理论，上证50ETF在2014年12月突破底部震荡后形成上涨趋势，在上涨过程中包含了多个震荡走势，至2015年7月中旬，出现了趋势终止的信号。

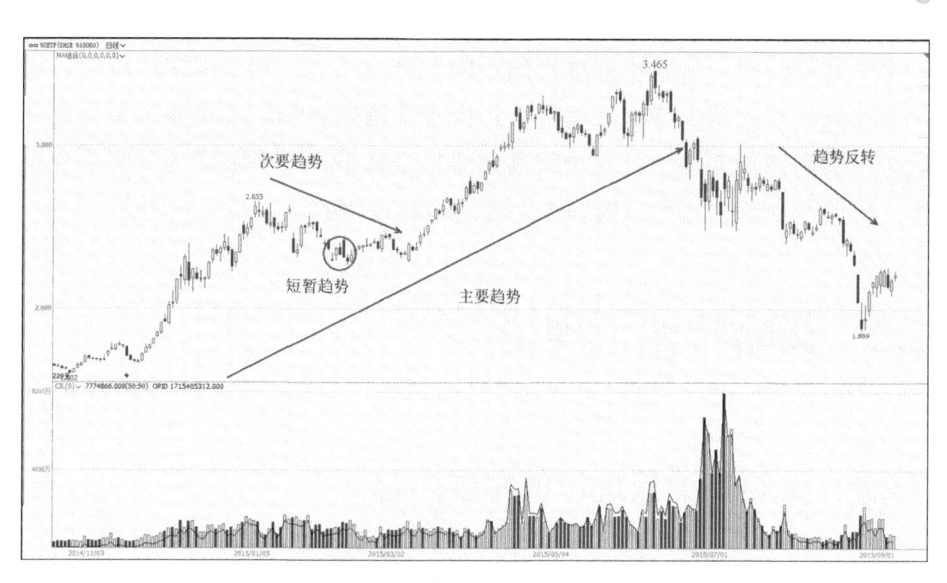

第 2 章 嵌套理论和经典交易理论的对比

图 2-1 根据道氏理论对上证 50ETF 走势图的分析

图 2-2 根据嵌套理论对上证 50ETF 走势图的分析

从图 2-1 与图 2-2 的对照来看，在大级别的上升趋势走势中包含了不少回调的走势，其中甚至包含了比较大的下降走势。按照道氏理论，这个下降走势属于上涨主要趋势中的次要折返走势。用嵌套理论来解释，就是在

· 17 ·

一个上升趋势中，这些不同级别的下降走势构成了上升过程中的震荡。道氏理论里比较大的下降次要趋势，用嵌套理论来解释，就是整个主要上升趋势中的震荡走势，并且这个震荡走势里嵌套了一个小级别的下降趋势走势。因此，嵌套理论和道氏理论对行情走势规律的认识是一致的。

2.2 艾略特波浪理论

2.2.1 艾略特波浪理论的主要内容

艾略特波浪理论认为，不管是多头市场还是空头市场，每个完整循环都会有 8 个波段，其中第 3 个波段是最长的，即上升时升幅最大，下降时跌幅也最大。

如图 2-3 所示，以多头市场为例，在多头市场的一个循环中，前 5 个波段是推动上升的，后 3 个波段是调整下跌的。在前 5 个波段中，第 1、3、5 个波段是推动上升的，第 2、4 个波段是调整下跌的。其中第 3 个波段不能是最短的一个波段，第 4 个波段的底不可以低于第 1 个波段的顶。

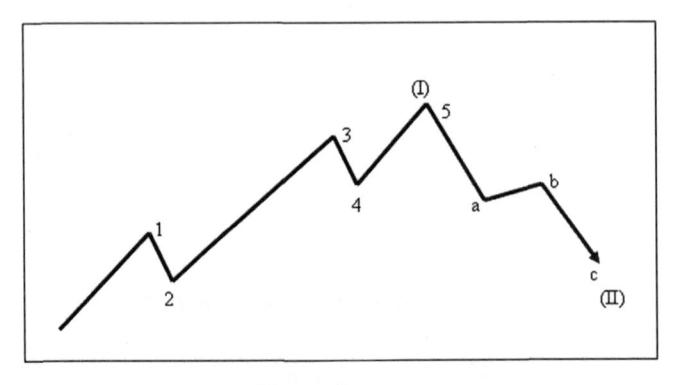

图 2-3 艾略特波浪理论对多头市场的认识

艾略特波浪理论具有 3 个重要参数——形态、比例和时间，其重要性根据上述次序依次减弱。所谓形态，是指波浪的形态或构造，这是艾略特波浪理论最重要的部分。在比例方面，通过测算各个波浪之间的相互关系，来确定回撤点和价格目标。最后一个参数是时间，各波浪之间在时间上也相互关联，我们可以利用这种关系来验证波浪的形态和比例。

2.2.2 嵌套理论和艾略特波浪理论的对比

首先，以上涨趋势为例，嵌套理论中的上涨趋势走势对应着艾略特波浪理论整个循环中 8 个波段的前面 5 个，即把第 1、3、5 个波段看成一个完整的趋势，而第 2、4 个波段，属于大趋势中嵌套的震荡。如果把这 8 个波段继续细分，同样可以清晰地看出，嵌套理论仍然符合艾略特波浪理论的解释，即一个大的趋势中包含了若干小震荡。

如图 2-4 所示，这是一个将每一个"上涨+回调"的循环都看成由 5 个上升波段和 3 个调整波段组成的 8 个波段的更细的走势图。如果用嵌套理论来看，从走势的底部到最高点（5）是一个大的上涨趋势，其中包含了（1）至（2）、（3）至（4）两次比较大的震荡，以及更多的小震荡，如 1-2、3-4、B-C 等。

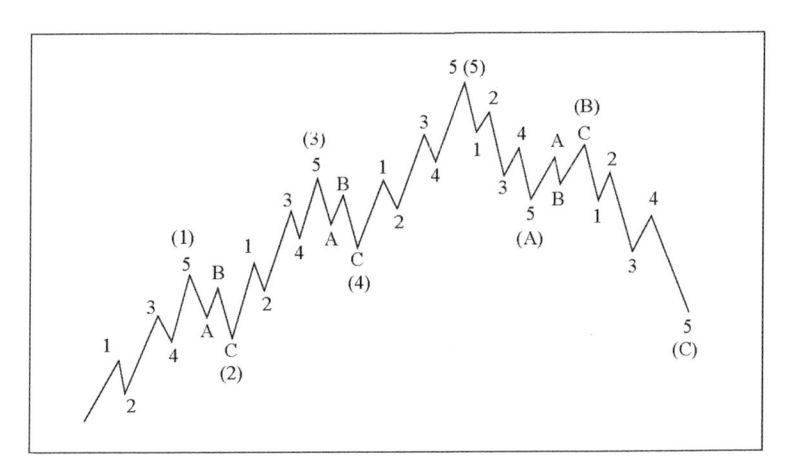

图 2-4 运用艾略特波浪理论对波浪的细分

其次，嵌套理论将艾略特波浪理论的后面 3 个波段 a、b、c 看成上涨趋势终止后形成的新的下跌趋势。在艾略特波浪理论中，图 2-3 中 a 波段形成的高点 b 比波段 5 低，导致了上涨趋势被破坏，形成了趋势的中止，而随后的 c 波段确认了趋势的终止。

按照嵌套理论这样简明扼要的表达，你是否能够更容易学习和理解"千人千浪"的艾略特波浪理论呢？

第 3 章

嵌套理论第一定律

3.1 嵌套理论第一定律的内容

投资者在任何时候都可以进行交易吗？按照传统的观念，只有在行情形成趋势的时候才有交易的价值，如期货交易大师斯坦利·克罗认为："只有在市场出现强烈的趋势特性，或者你的分析显示市场正在酝酿形成趋势时，才能进场。"但即便你在趋势行情中进行交易，你就真的能把握自己的命运吗？如果行情出现反向波动，你有应对策略吗？在股票市场里有一则著名的笑话——"好不容易在熊市里赚的钱，却亏在牛市里"，这就是趋势交易很难掌握的真实反映。

一般而言，一个期货品种或一只股票，在一年中只有部分时间是处于趋势运行状态的，在其他大多数时间里处于震荡状态。如果片面强调只做趋势不做震荡，是不符合大多数投资者的交易习惯的，而一个交易系统如果不能和投资者的习惯和心理结合起来，就很难成为一个成功的交易系统。笔者认为，虽然传统观点认为趋势交易比较容易掌握，但这一观点未必正确，市场上"一赚二平七亏"的现实也证明了这一点。其实趋势阶段有趋势阶段的做法，震荡阶段有震荡阶段的做法，两者并不矛盾，只不过对于这两种不同的走势，要采用不同的交易策略。这两种交易策略分别有着不同的进场和离场的规则，切不可搞混，否则便真的应了那句俗话：做趋势的死在震荡里，做震荡的死在趋势里。嵌套理论则通过在"趋势→震荡"的过程中转换操作思路来解决这个问题，因此请大家牢记嵌套理论第一定律。

嵌套理论第一定律：

你在每次进场前，必须预先决定这是一次趋势交易操作，还是一次震荡交易操作。

嵌套理论第一定律要求你在进行每一笔交易之前都要问自己一个问题：这是一次趋势交易操作还是一次震荡交易操作。请注意嵌套理论第一定律的文字表述，它不是让你 100%准确地判断目前的行情是什么类型的走势，因为任何人都不可能保证自己的判断绝对准确，而是让你决定你要采取的交易策略。当然，你选择的交易策略也必须对应你对当前走势的判断。

通过对本书的理论篇、技术篇、系统篇和应用篇的学习，你将深刻理解嵌套理论的整体交易思想，并有能力对行情的走势进行分析，能够对目前行情是处于趋势状态还是震荡状态做出一个初步判断，进而通过嵌套理论第一定律来选择一个合适的交易策略。比如，你认为现在的行情是上涨趋势，那么就选择对应上涨趋势的交易策略；如果你认为现在的行情是震荡走势，那么就应该选择震荡交易策略。不同的策略有着不同的建仓位和止损/止盈位（进场位和出场位），你只要按照交易系统的规则执行即可。如果你对现在的行情走势判断错误怎么办？比如，你认为现在是震荡走势，选择在震荡区间的下沿抄底做多，但是价格却向下突破了怎么办？不要紧，按照你在进场前选择的策略进行止损即可，这样可以保证你即使判断错了也不会做错，不会对你的资金造成致命的损失。采用嵌套理论第一定律进场后的所有操作方法和应变策略，在本书的系统篇中有详细的介绍。

3.2 如何判断现有走势是趋势还是震荡

嵌套理论第一定律要求你在进场前就要决定这是一次趋势交易操作，还是一次震荡交易操作，那么你就要知道什么样的走势是趋势走势、什么样的走势是震荡走势，这样你才能有的放矢地选择交易策略。只有在趋势走势中采用趋势交易策略，在震荡走势中采用震荡交易策略，才是合理的策略选择，否则就会南辕北辙。因此，我们首先要学会判断目前走势的性质。

既然提到"走势"这个概念，我们就应该把行情放大到一定的时间段来进行观察，这个时间段应该不少于半年，如果能放到一年以上则更佳。如果你想要进行某个期货品种的交易，除了观察主力合约的走势，还可以观察该品种的指数走势。本书在以商品期货为例进行讲解时，大多数引用的是商品期货的加权指数。在准备下单进行交易时，我们通常观察日K线和周K线级别的行情，小时级别的行情偶尔也会使用。

对行情走势进行研究的目的是通过观察走势的形态来判断现在行情的运行状态，从而决定交易策略。一旦弄清了行情现在的运行状态，我们就可以等待合适的入市时机了。

因此，对投资者来说，最关心的一个问题就是，目前的市场走势是上升趋势，是下降趋势，还是震荡走势。对走势的判断，我们主要通过观察K线的形态来进行。

3.2.1 趋势的定义和判断

趋势代表市场一定的运行方向。没有任何一个市场的运行方向是直线变化的。价格在上涨过程中会出现连串上涨的高点与低点，只要后续的高点都比前面的高点还高，后续的低点也都比前面的低点还高，那么上涨的趋势就仍然不变。如果价格出现了无法超越前面高点的情形，这就是趋势反转的预警信号。如果价格跌破之前的低点，通常就可以确定趋势的反转已经发生了。

上涨趋势如图 3-1 所示。

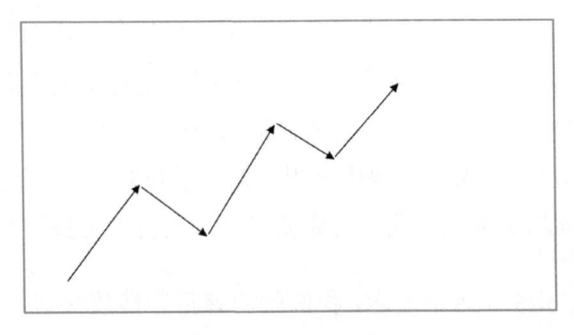

图 3-1　上涨趋势

跌势和涨势正好相反，价格在下跌过程中会出现连串下跌的高点与低点，只要后续的高点都比前面的高点还低，后续的低点也都比前面的低点还低，下跌的趋势就维持不变。但如果价格开始维持在以前的低点之上，后面又出现高点，并突破以前的高点，那就暗示前面的跌势要反转了。

下跌趋势如图 3-2 所示。

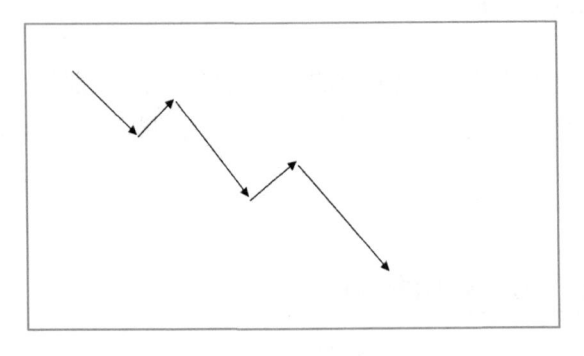

图 3-2　下跌趋势

由于对走势的判断需要观察一段时间的数据，而这段时间内的行情运行状态又是千差万别的，因此在这段时间里，如果单纯按照趋势的定义来进行分析、判断，可能会让人有些无所适从。对于当前行情是否处于上涨趋势或者下跌趋势，除了根据趋势的定义来判断，我们还可以使用一些技术分析手段来进行简单判断。

1. 移动平均线的排列是否整齐

移动平均线（Moving Average），简称 MA 或均线，是最常见的技术分析工具。在一般情况下，我们可以使用三条移动平均线来对行情走势进行观察。这三条移动平均线的日期参数一般由短期参数、中期参数和长期参数组成，具体选哪几个日期参数来组合都可以。比如，中长期投资者可以选择 10 日、30 日、60 日的均线作为一个组合，短线投资者可以选择 5 日、10 日、20 日的均线作为一个组合。如果这三条移动平均线能够依次排列整齐且走向相同，那么我们就可以认为目前的走势处于一个趋势状态。相反，如果这三条移动平均线发生了价格穿越、交叉，那么我们就可以认为目前的走势处于一个震荡状态。

图 3-3 所示、图 3-4 所示、图 3-5 所示，分别代表了上涨趋势、下跌趋势、震荡走势的移动平均线组合形态。

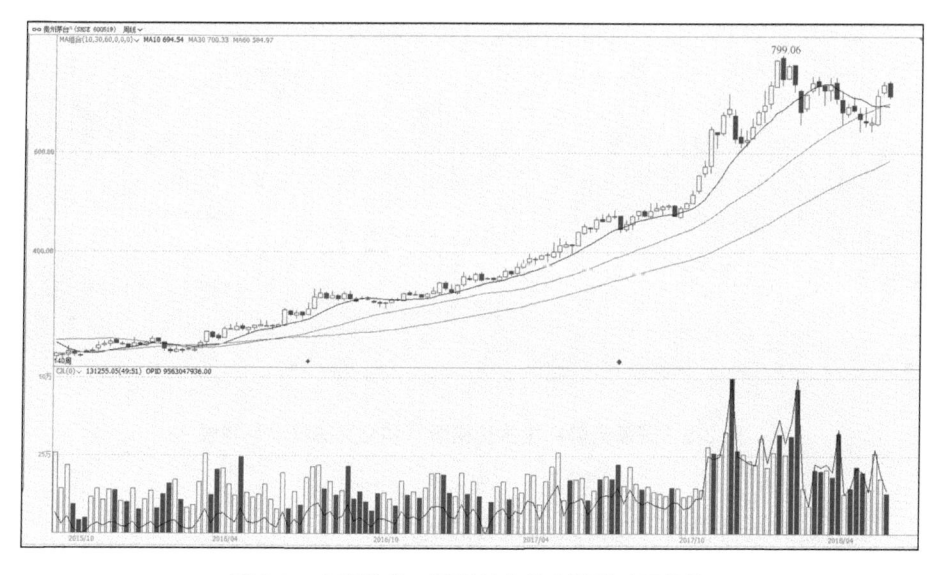

图 3-3　上涨趋势：排列整齐的上涨移动平均线

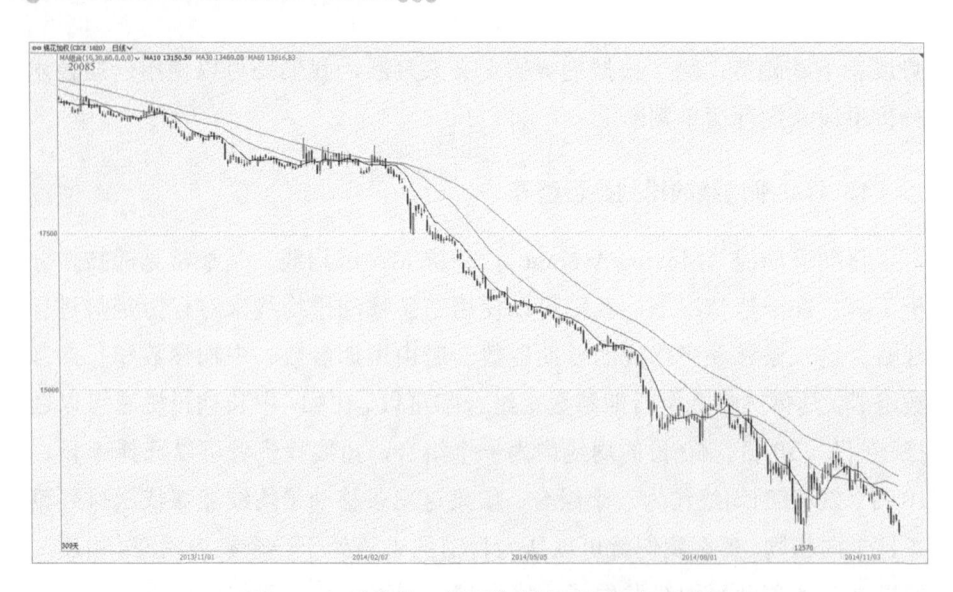

图 3-4　下跌趋势：排列整齐的下跌移动平均线

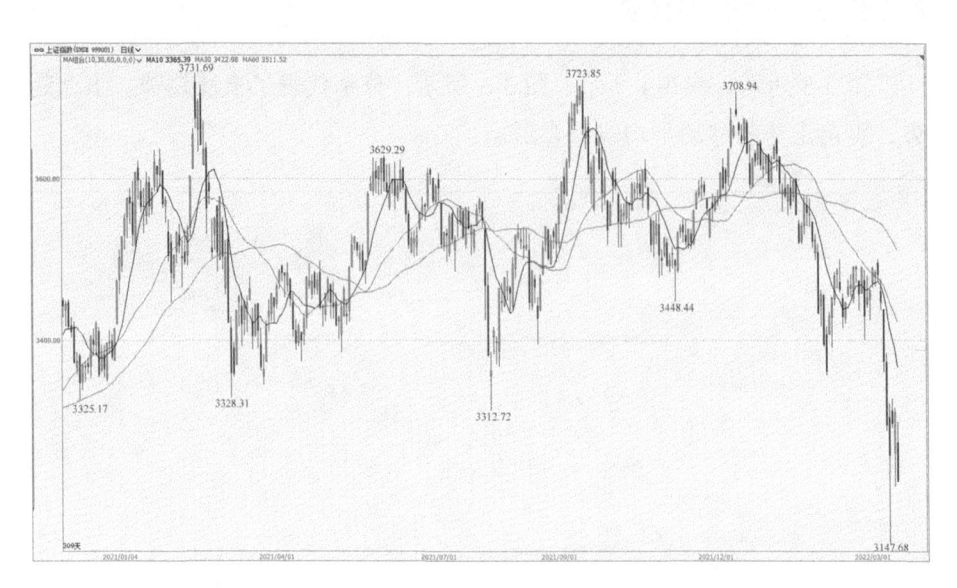

图 3-5　震荡走势：发生价格穿越和交叉的移动平均线

2. 走势是否仍处于趋势线或趋势通道之中

除了移动平均线，我们还可以用本书第 6 章介绍的趋势线和趋势通道来判断行情是否处于趋势状态。只要走势仍然落于趋势线或趋势通道之中，我们就可以认为行情仍然处于趋势阶段，不要被暂时的小的反向波动所干扰。

图 3-6 所示是处于上涨趋势通道中的上海期货交易所沪铝加权指数的走势。假如我们在 2020 年 6 月 15 日（图中箭头所指日期）打开这张图来判断沪铝加权指数的行情走势，可以根据趋势线的画法画出趋势通道，可见沪铝加权指数的 K 线仍然在趋势线之上、趋势通道之中，因此我们可以判断沪铝加权指数的走势还是处于趋势状态。后面沪铝加权指数的走势也证明了这一判断的正确性。

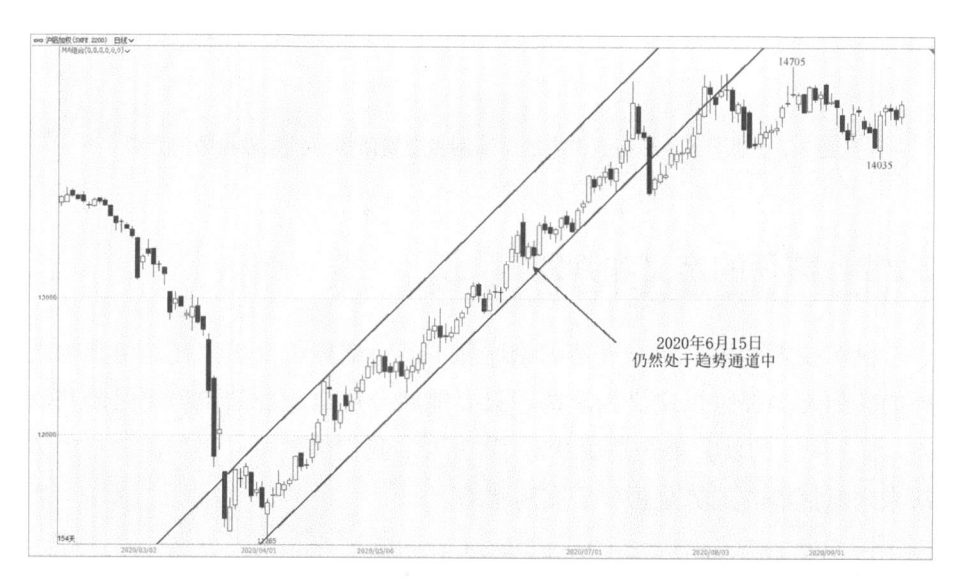

图3-6　处于上涨趋势通道中的上海期货交易所沪铝加权指数的走势

图 3-7 所示是处于下跌趋势通道中的上海期货交易所螺纹钢加权指数的走势，我们同样可以用趋势通道来判断某一时刻的走势是否仍处于趋势状态中。在 2016 年 4 月，期价已经向上突破了下降的趋势通道，我们可以认为此时下降趋势已经终止。

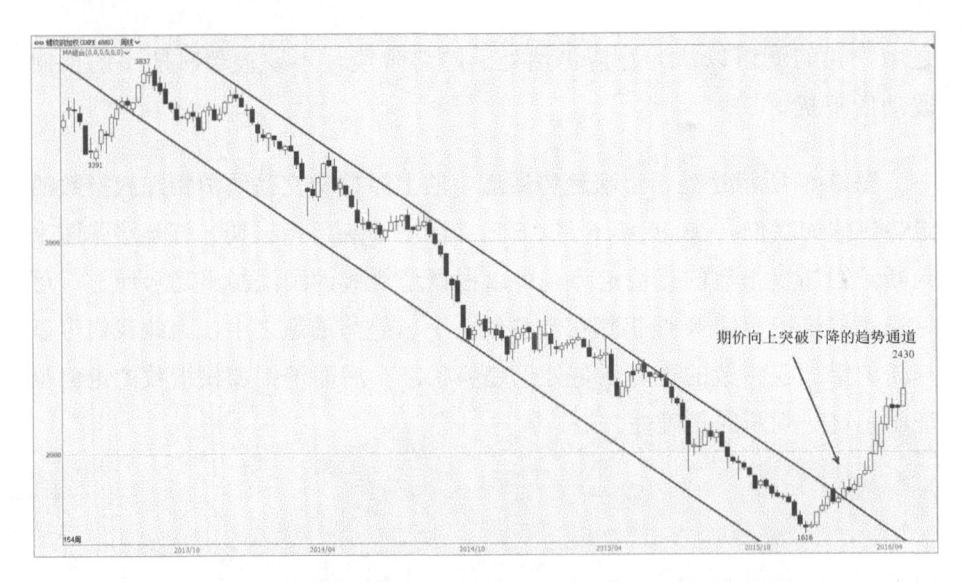

图 3-7　处于下跌趋势通道中的上海期货交易所螺纹钢加权指数的走势

3.2.2　震荡的定义和判断

很多技术分析书籍对震荡的论述并不多，道理很简单，在趋势走势之外的其他走势都可以定义为震荡，只要能够分辨出现在的走势不是趋势状态，那么剩下的就只能是震荡状态了。所以，我们仍然可以用判断趋势的方法来判断目前的走势是否处于震荡状态。

第一个比较简单的判断震荡状态的技术分析指标仍然是移动平均线。如果移动平均线的组合发生了交叉，走势就处于震荡状态。如图 3-5 所示，三条移动平均线发生了交叉，那么我们就可以认为走势在这个时刻处于震荡状态。这个震荡状态能够延续多长时间？我们首先要看这个级别的均线能否重新排列整齐。均线只有排列整齐了，才有脱离震荡状态的可能性。但是走势一旦从趋势状态转为震荡状态，仅仅有排列整齐的移动平均线还是不能够判断走势已经从震荡状态转换为了趋势状态，还要看价格能否突破震荡区间上、下的压力位和支撑位。如果价格还处于压力位和支撑位之间，即使均线已经排列整齐了，仍然不能确认是趋势状态。在图 3-5 所示的中部，虽然均线组合已经整齐地排列成上涨组合，但因为这个整齐的均线组合仍然在 3300～3700 点的震荡区间内，所以我们仍然不能说现在的走势处于趋势状态。

第二个判断走势是否处于震荡状态的方法是看走势是否形成了明显的压力位和支撑位。

对于震荡箱体，我们可以明显地看到其有一个上端的压力位（上沿）和下端的支撑位（下沿），如果价格仍然落在这个区间内，哪怕在这个区间内形成了整齐的移动平均线排列，我们仍然不能认为走势处于趋势状态，而只能按照震荡状态来决定操作策略。

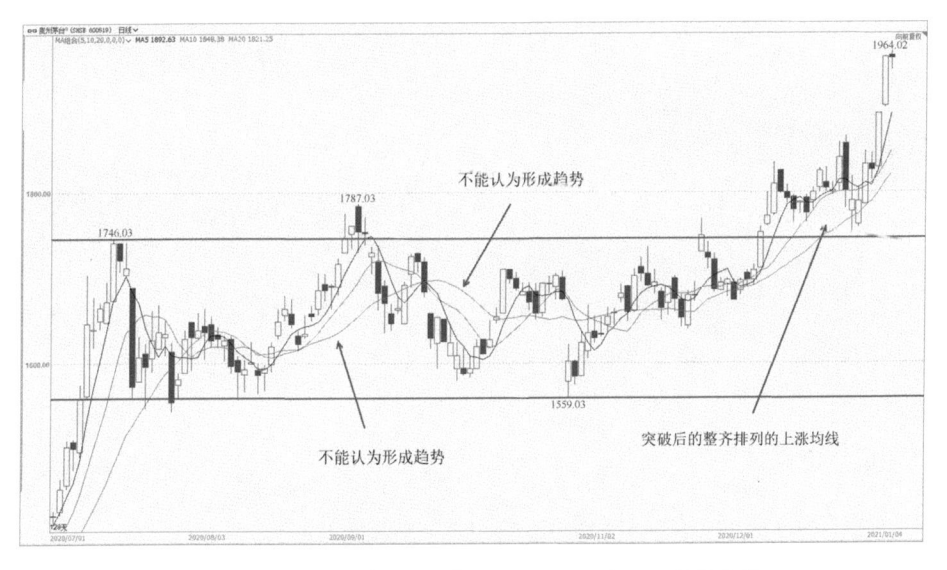

图 3-8 所示是贵州茅台在 2020 年 7 月至 2020 年 12 月的走势。在每股价格未能有效突破前高 1746.03 元的情形下，虽然贵州茅台在 2020 年 8 月已经形成了排列整齐的上涨均线，但我们仍然不能认为该走势是上涨趋势。同理，在 2020 年 9 月，虽然贵州茅台已经形成了整齐的下跌均线，但因为尚未跌破区间支撑位，所以我们不能认为走势是下跌趋势。在 2020 年 12 月股价有效突破了震荡区间的上沿，并且上涨均线排列整齐，此时我们才能认为走势已经处于上涨趋势了。

图 3-8　贵州茅台在 2020 年 7 月至 2020 年 12 月的走势

在趋势嵌套的震荡中，除了常见的箱体形态，还有很多其他的震荡形态，如三角形、旗形等，并且还有很多变形。本书从化繁为简的原则出发，对其他的震荡形态暂不做过多的论述，感兴趣的读者可以通过学习其他技术分析类书籍来进一步掌握。趋势嵌套的震荡并不是以箱体平台为唯一表现形式的，而是存在多种中继震荡形态。本书之所以将震荡形态以箱体形态来进行举例说明，主要是为了体现嵌套理论的低频交易思想。关于这一点，相信读者在读完全书后会有更深刻的体会。

第 4 章

嵌套理论第二定律

4.1 嵌套理论第二定律的内容

嵌套理论第二定律：

在任何趋势中止后，暂按震荡来对待。

嵌套理论第二定律的实战意义在于当趋势走势发生变化时，投资者要迅速改变原有的交易思维。在行情经历了一波趋势走势而中止后，投资者要立刻采取震荡交易的思维，从而避免在这个震荡中因为原有的趋势交易思维而反复消耗资金。人是有惰性的，人的思想也是有惯性的，嵌套理论第二定律就是要帮助投资者打破这个魔咒。

趋势不会无限地延续下去，总有终止的一天，但趋势又不是那么容易终止的，会存在各种反复、盘整和中止（请注意"终止"和"中止"的区别）。根据嵌套理论第二定律，上涨过程中在趋势线范围内的回撤、平台式的盘整等，都是趋势中止的表现形式。投资者在趋势走势中采取的交易方法是追涨杀跌，而在震荡走势中采取的交易方法应该是高抛低吸，这是两种完全不同的交易方法。因此，嵌套理论第二定律的作用就在于让投资者迅速摆脱原有的固化思维，马上投入一场新的战役。

趋势中止不代表趋势马上终止，趋势终止也不代表趋势马上就发生逆转，也可能是在一个更大的范围内进行震荡。因此走势进入震荡区域并不可怕，如果你的仓位比较轻，完全可以让利润"坐坐电梯"，等待价格恢复原来的方向；如果你的仓位比较重，则可以按照震荡交易策略在震荡区间内反复操作，待行情继续沿着原趋势进行时再补回头寸。这就是嵌套理论第二定律给出的总体交易思路。

4.2 趋势的中止

4.2.1 趋势中止的判断

从交易实战的角度出发，判断趋势是否中止是一项非常重要的工作。因为在趋势发生中止后，行情已经从趋势走势转化成了震荡走势，我们必须改变原有的趋势交易策略。

1. 短期移动平均线发生交叉

移动平均线本身具有支撑趋势的功能。在一个上涨趋势中，各个级别的移动平均线都有支撑行情上涨的作用；同样，在一个下跌趋势中，各个级别的移动平均线都有压制行情反弹的作用。投资者非常关心的一个问题是，哪一个周期的移动平均线对趋势的支撑最为有效。其实从移动平均线对趋势的支撑作用来讲，每个品种的"最佳移动平均线周期"都是不一样的。有些投资者喜欢使用14日、21日、37日、65日的移动平均线，但这些未必真的就有特别的意义。具体使用哪个周期的移动平均线并不重要，重要的是我们要理解移动平均线的作用，而不是试图找一根神秘的均线。

第 4 章　嵌套理论第二定律

很多人喜欢在移动平均线的临界值附近进行试仓。这对建仓来说是一个正确的方法，因为很好防守，只要在移动平均线被有效击破后止损即可。但作为平仓信号来说，常用的起到趋势支撑作用的移动平均线反应过于迟钝，应该选用更短期的 5 日均线、10 日均线才比较可靠。

在价格和 5 日均线、10 日均线发生交叉后，说明趋势已经中止了，此时就应该把趋势交易策略暂时调整为震荡交易策略。特别是随着时间的推移，长期均线也开始交叉，投资者在短期之内一定要转换交易思维。

图 4-1 所示是贵州茅台在 2020 年 11 月至 2021 年 2 月的走势。2020 年 12 月 30 日，贵州茅台突破震荡平台的上沿进入上涨趋势，此时的移动平均线排列整齐，起到了支撑股价上涨的作用。2021 年 1 月 15 日，股价下跌，并且收盘后短期均线发生交叉，嵌套理论第二定律认为此时上涨趋势已经中止，要暂时按照震荡交易策略来进行操作，并暂时减仓。2 月 4 日，股价再次以长阳形式突破压力位形成上涨趋势，此时可以恢复趋势交易策略并进行加仓。2 月 22 日，股价下跌，短期均线再次发生交叉，此时应当按照震荡交易策略进行减仓。

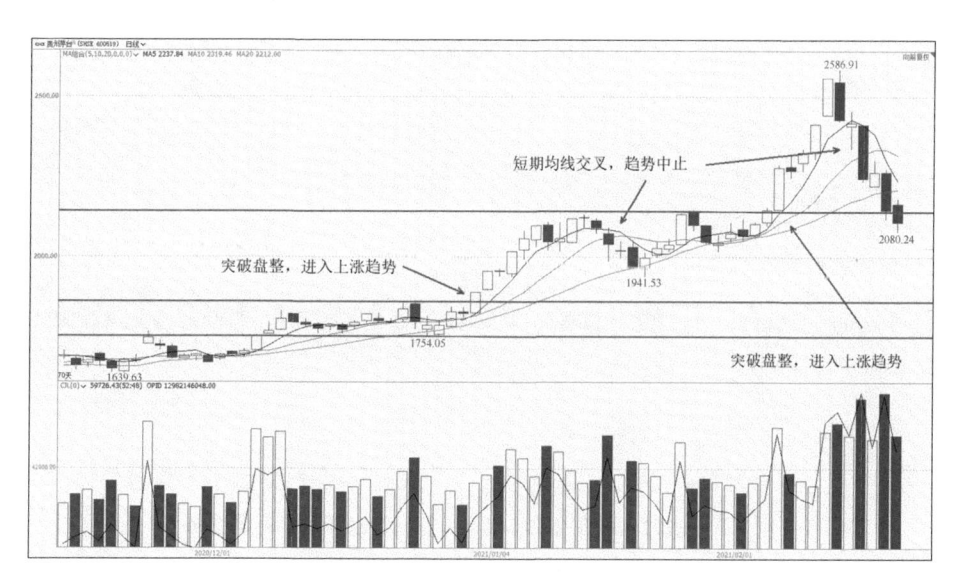

图 4-1　贵州茅台在 2020 年 11 月至 2021 年 2 月的走势

2. MACD柱和价格的运动方向开始相反

MACD是一个根据价格计算出来的常见技术指标，本书在第7章中会对MACD的使用做进一步的介绍。MACD可以直观地反映行情的走势，我们可以根据MACD柱的倾斜方向来做出趋势是否中止的判断。

由于MACD本身是一个受价格影响的指标，因此它可以反映价格趋势的变化。在正常情况下，当价格上涨时，MACD柱从底部向顶部逐步上升。当价格还在上涨，但MACD柱开始逐步缩短并呈下降趋势时，表明价格已经上涨乏力，进入了趋势中止的震荡状态。

图4-2所示是格力电器在2020年10月至2020年12月的走势。格力电器的股价从10月29日开始上涨后，MACD柱也随之逐步延长并呈上升趋势。从11月12日开始，虽然价格仍然在上涨，但MACD柱开始缩短并呈下降趋势，表明趋势进入中止状态。我们可以看到，此时股价在高位开始震荡，虽然在11月19日出现新高，但仍然不能改变震荡的格局。

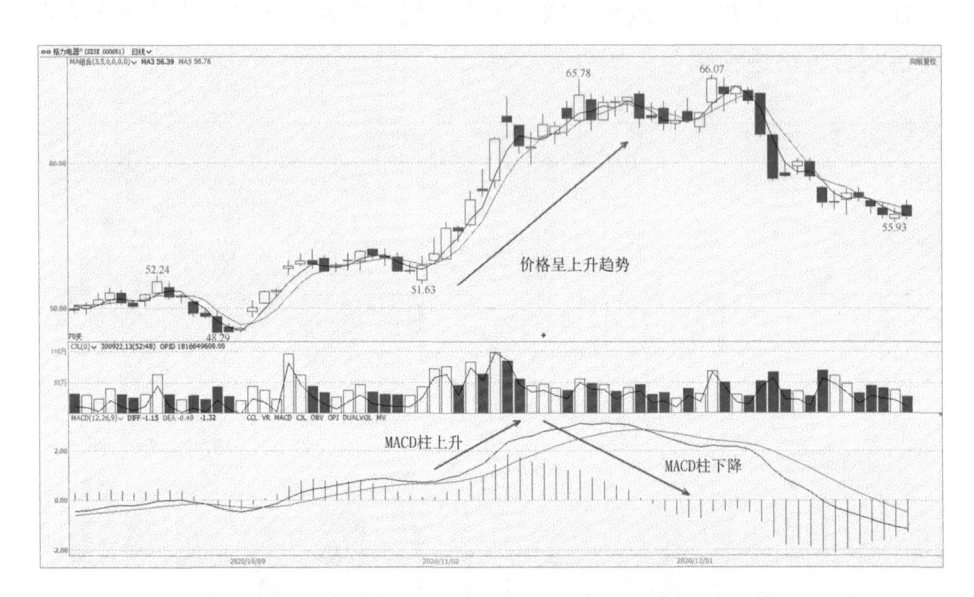

图4-2　格力电器在2020年10月至2020年12月的走势

3. 走完最流畅的一段行情

行情一般会在盘整或缓慢向一个方向移动后，突然进入一个加速的过程。这个过程是一方信心崩溃、另一方乘胜追击的结果，这会让行情进入一个非常流畅的阶段。很多原来空仓的投资者会在这个阶段入场，这在 K 线图上体现出来就是 K 线图的走势会非常陡峭，并且价格跟移动平均线之间的乖离率会变得非常高。请注意，在走完最流畅的一段行情后，走势往往会进入一个震荡阶段，如果你把握不好这个规律，轻则浪费时间，重则造成资金的损失。所以，任何一个品种在短期内快速走出行情后，都要特别注意这一点。走势的这个规律在本书中会被反复提及。关于价格快速涨跌的幅度，期货一般在 10% 以上，股票一般在 30%~50%，偶尔会有更离谱的情况。

图 4-3 所示是大连商品交易所铁矿石 1601 合约的走势。2015 年 6 月 30 日，铁矿石期价从 411 元/吨向下突破颈线，开始快速下跌，在短短 7 个交易日内就从 411 元/吨跌到 330 元/吨附近，跌幅近 20%，这对期货来说是一个非常巨大的价格波动幅度。在这个时候你一定要清醒，在行情启动的第一天、第二天可以加仓追杀，但越往后，越要逐步减少自己手里的空单，而不是加仓追杀，你要时刻紧盯盘面，防止行情的反转。

图 4-3　大连商品交易所铁矿石 1601 合约的走势

为什么会出现这种状况呢？以下跌为例，在行情启动后多方的损失不断加重，很可能会面临爆仓的危险，于是多方平仓（相当于加入了空方的阵营），行情出现了加速，空方很快就会实现保证金翻倍。这个时候多方基本上已经被消灭，再也没有力量发动反击，而空方手里有大把的利润，于是开始兑现，兑现就会造成行情迅速反转。记住，做交易时不仅要防对手，更要防队友！特别是在这种空方已经大获全胜的情况下，队友为了兑现利润开始玩跑得快的游戏，空杀空的威力要远远超过多头的主动攻击。

股票交易中同样存在着这样的规律。2013年8月26日，成立上海自贸区的消息公布。图4-4所示是沪股浦东金桥在这一消息公布后的行情走势。2013年8月，上证指数从1849.65点反弹到2050点以上，市场上人气已经开始聚集。8月26日，一则上海即将成立自由贸易区的消息突然刺激了市场，以浦东金桥为代表的上海自贸区概念股开始连续暴涨。浦东金桥连续五个涨停，积累了大量的盈利筹码，在9月2日高开低走，放出巨量，行情随之进入了震荡期。从图4-4中我们同样可以看到，在流畅的行情中会形成陡峭的K线图和巨大的乖离率。

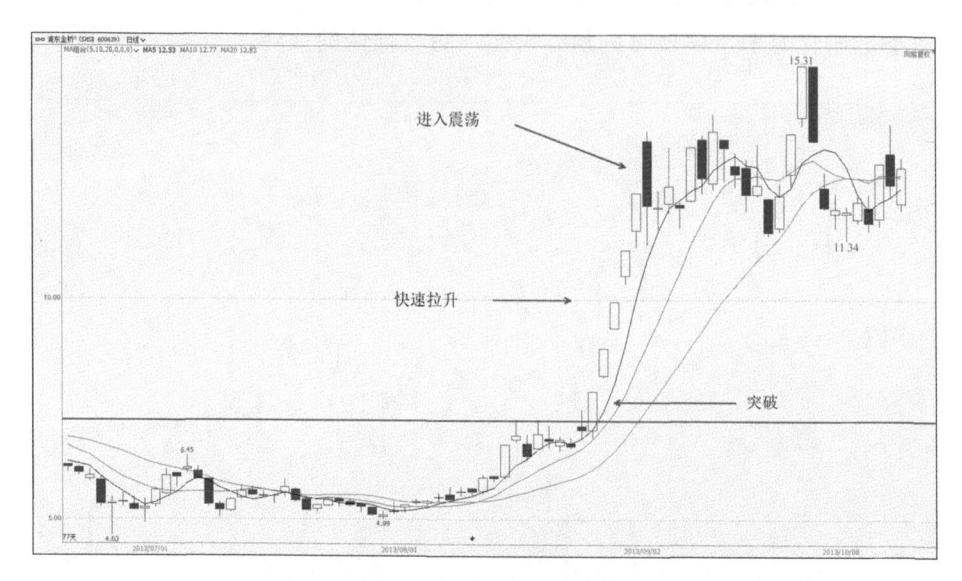

图4-4　沪股浦东金桥在成立上海自贸区的消息公布后的行情走势

4.2.2 趋势的恢复或终止

趋势在中止后转为震荡，在震荡行情运行一段时间后会有两个发展方向：

（1）继续朝原趋势的方向运行；

（2）朝与原趋势相反的方向运行。

如果是前者，则是趋势的恢复，前面的震荡只是趋势运行过程中的一种中继；如果是后者，则是趋势的终止。

图 4-5 所示是 50ETF 在 2016 年 6 月至 2017 年 12 月的走势。50ETF 在 2016 年 11 月底创下阶段性新高后，上涨趋势中止，长期处于震荡走势。我们无论是从短期移动平均线发生交叉来看，还是从 MACD 柱和价格的运动方向开始相反来看，都能够判断趋势已经中止。直到 2017 年 6 月以后，价格突破 2.217 元的前高，并在得到回调确认后，走势恢复了原趋势，开始了新一轮的上涨。

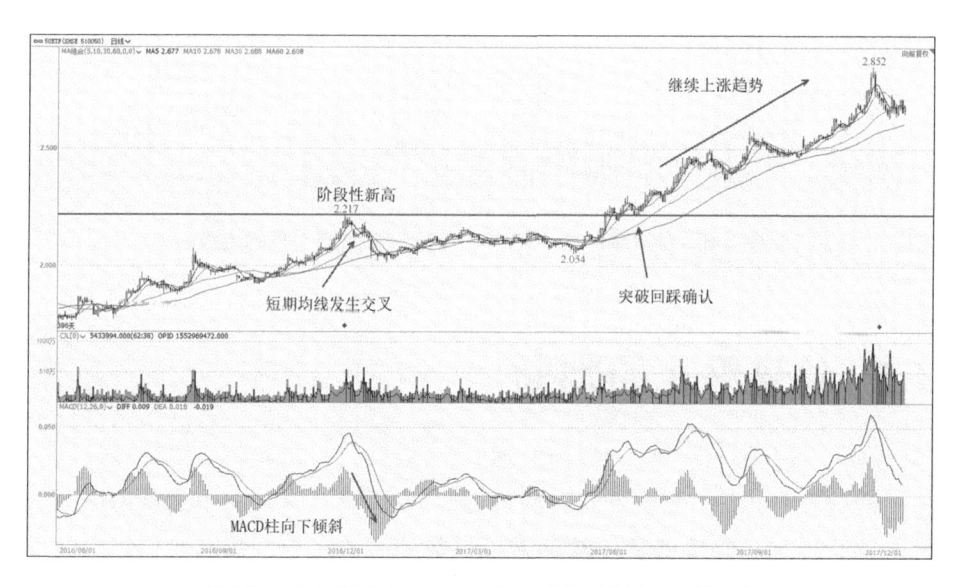

图 4-5　50ETF 在 2016 年 6 月至 2017 年 12 月的走势

如果在行情启动初期发生趋势中止，特别是在从底部上涨后不久发生趋势中止,走势在大概率上会延续原趋势;如果趋势已经发生了多次中止,那么走势转化为趋势终止的可能性增大。

图 4-6 所示是贵州茅台在 2017 年 7 月至 2022 年 1 月的走势。在股价从底部上涨的过程中,多次出现趋势中止的情形,但行情最终都朝着原趋势的运行方向发展。股价在 2021 年 2 月创出新高后再次形成震荡,最终股价跌破 60 日移动平均线,并且阶段高点和低点都逐步降低,上涨趋势终止,转变为下跌趋势。

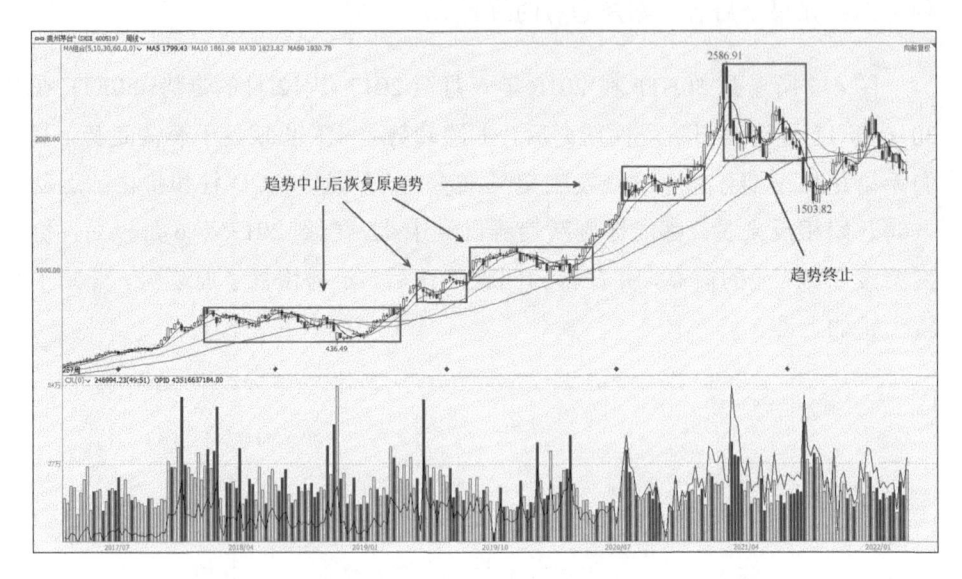

图 4-6　贵州茅台在 2017 年 7 月至 2022 年 1 月的走势

4.3　趋势终止的判断

趋势在中止后,发展方向有两种可能:恢复原趋势;从中止状态演变成趋势终止。如果趋势能够继续朝着原趋势的方向运行,那么我们可以从震荡交易策略恢复为趋势交易策略;如果趋势发生终止,我们就要全部平掉原有的趋势头寸,并且要考虑是否建立相反方向的头寸。所以,我们现在就面临着如何判断趋势终止的问题了。

4.3.1 根据走势形态进行判断

根据走势形态判断趋势是否终止最为直观。这种判断方法包括趋势的定义、典型的顶底形态和趋势线。

1. 根据趋势的定义进行判断

根据趋势的定义，以上涨趋势为例，价格在上涨过程中会出现连串上涨的高点与低点，只要后续价格的高点都比前面的高点还高，后续价格的低点都比前面的低点还高，那么目前上涨的趋势仍然不变。如果出现了价格无法超越前面高点的情形，这就是趋势反转的预警信号，如果再发现价格跌破了之前的低点，通常就可以确定趋势的反转已经发生了。因此我们可以按照趋势的定义来判断趋势是否已经终止。

如图 4-7 所示，平安银行在 2021 年 3 月中旬的走势已经不符合上涨趋势的定义了。其在最高点之后的高点无法超过前高，后续的低点也比前面的低点更低，因此我们可以判断平安银行的上涨趋势已经终止。

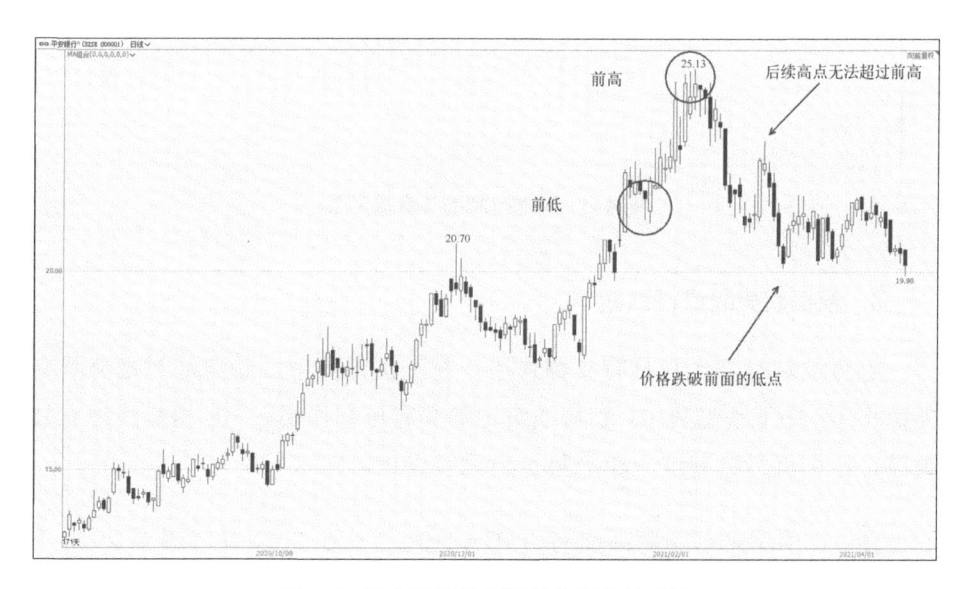

图 4-7 平安银行的上涨趋势形态被破坏

2. 根据典型的顶底形态进行判断

趋势的运行在进入尾声时，往往会通过形成一些典型的顶部、底部形态来终止。因此，这种顶底形态也是技术分析研究的重点，我们在第 6 章讲解"值得交易的形态"时会有进一步的介绍，现在仅举一例。

图 4-8 所示是在美国上市的中国概念股哔哩哔哩的走势。哔哩哔哩在创下十多倍的涨幅后，于 2021 年 3 月形成了标准的头肩顶形态，意味着上涨趋势已经终止。

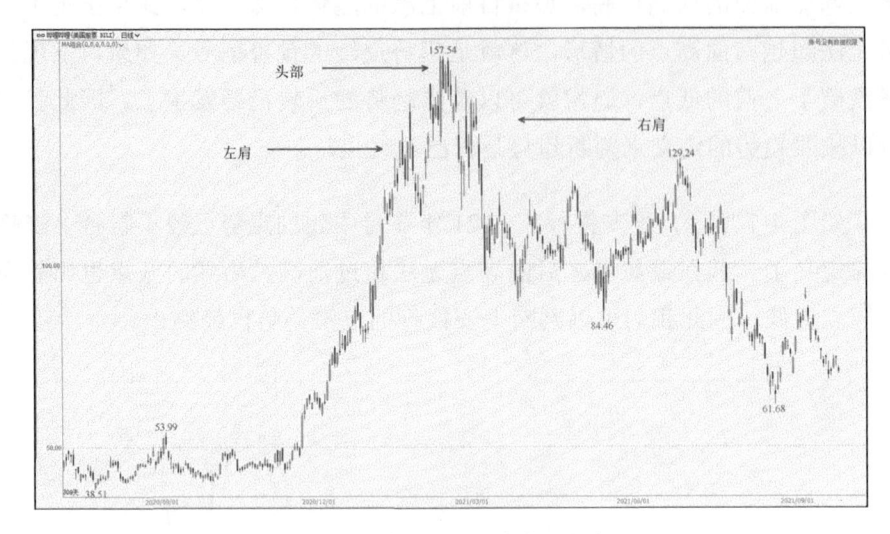

图 4-8　哔哩哔哩的头肩顶形态

3. 根据趋势线进行判断

趋势线对趋势本身具有支撑作用。在上涨趋势中，趋势线对走势具有支撑作用；在下跌趋势中，趋势线对走势具有压制作用。一旦趋势线被有效突破，往往就意味着这一轮趋势走势已经终止。

图 4-9 所示是郑州商品交易所 PTA2301 合约在 2018 年 4 月至 2018 年 12 月的走势。在 2018 年 8 月 29 日该合约的期价创造了新高，通过高位盘整突破了趋势线，在 9 月 11 日以长阴线确认了上涨趋势线被有效突破，从而上涨趋势终止。

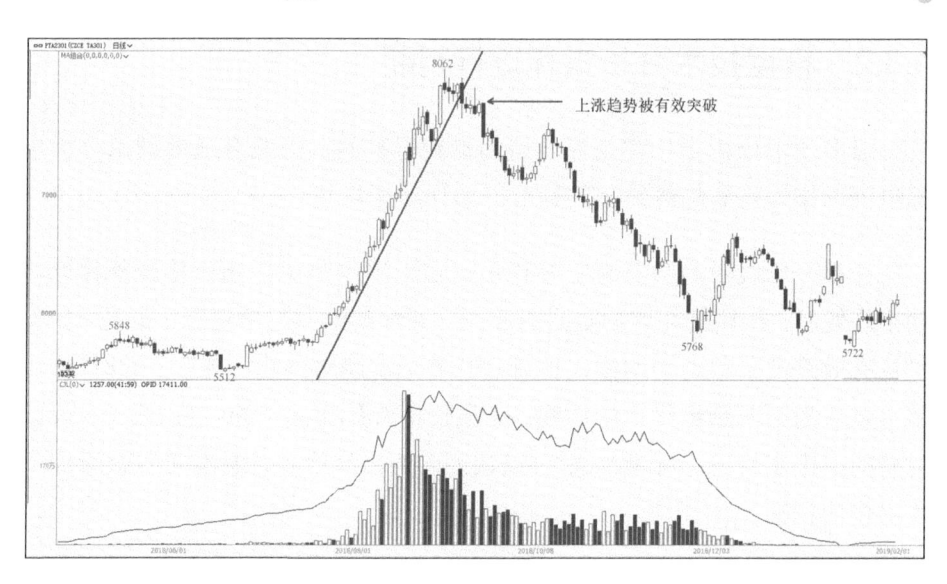

图4-9 郑州商品交易所PTA 2301合约在2018年4月至2018年12月的走势

图4-10所示是上海期货交易所螺纹钢2305合约在2015年5月至2016年3月的走势。在2015年12月该合约的期价创造了历史新低，然后走势通过横盘的形态突破了趋势线，在2015年12月18日以一根长阳线确认了下跌趋势被有效突破，从而可以判断下跌趋势终止。

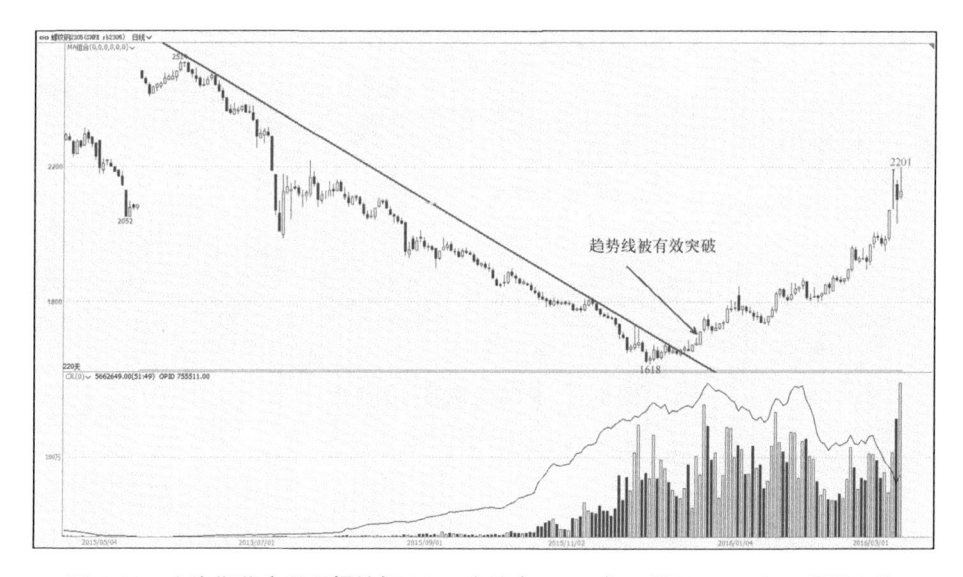

图4-10 上海期货交易所螺纹钢2305合约在2015年5月至2016年3月的走势

4.3.2 根据技术分析指标进行判断

很多技术分析指标都是以价格为参数得来的，因此合适的技术分析指标也可以作为判断趋势终止的标准，如移动平均线。

移动平均线对趋势具有支撑作用，在上涨趋势中，当价格滑落靠近移动平均线时，往往会在这附近进行反弹，并继续沿原趋势运行。但是，如果价格有效跌破了移动平均线，这就意味着上涨趋势终止。比如，60日均线就可以作为判断趋势终止的均线。如果价格有效突破了60日均线（一般以完整的三个交易日为标准），则可以认为趋势已经终止，甚至可以被看成反手操作的标准。

如图 4-11 所示，在 2014 年 8 月下旬，上涨了 4 个多月的 PTA 在经过一段时间的震荡后，终于有效跌破了60日均线，发出上涨趋势终止的信号。

图 4-11　PTA 上涨趋势的终止

第 5 章
嵌套理论第三定律

5.1 嵌套理论第三定律的内容

5.1.1 关于嵌套理论第三定律

嵌套理论第三定律：

未有效击破关键位，可以死扛不止损。

笔者曾经看到过一副对联：上联是"止损永远是对的，错了也对"；下联是"死扛永远是错的，对了也错"；横批是"止损无条件"。

这副对联表达的是关于止损的传统观点，即设定一个止损幅度，当行情触及止损线时，必须无条件止损，但笔者并不完全认可这种观点。首先，就横批而言，其实传统的止损观点本身也是有条件的，这个条件就是你设定的某一个亏损幅度，体现在交易软件上就是一个条件单，当行情符合这个条件时就触发止损，怎么能说止损是无条件的呢？真正无条件的是你在每次下单后都必须设定一个止损点，然后坚决地执行。关于执行力的问题，则属于设置止损点以外的个人主观心态问题了，再好的止损计划，如果不执行，效果也等于零。所以从这个角度来讲，止损真的是无条件的。

事实上，大家止损的单子至少 80%以上在不久以后还是可以赚钱的，很多人往往在最高点、最低点的附近止损，这就是我认为传统止损模式是错误的原因。虽然大量的数据表明 80%以上的单子可以通过死扛最后盈利，但另外 20%的亏损头寸所造成的损失，却足以让所有的盈利化为乌有。所以我们反对一味地死扛，但对符合一定条件的亏损必须去死扛。换句话说，嵌套理论所要研究的就是怎么来避免剩下的 20%的亏损头寸所造成的悲剧的发生。这个问题可以通过对仓位、进场点和止损点的管理来解决。

止损的目的是什么？止损的目的是在你的预判出错后，最大限度地减少你的损失。所以止损的前提就在于你的预判已经出错了。根据嵌套理论第一定律，你在进场时就要选择交易策略，你这次的交易到底是按趋势交易策略进行还是按震荡交易策略进行，这个在进场的时候就已经决定了。随后你要看行情的走势是否符合你的预判。如果行情的走势不符合你的预判，才有必要止损；如果行情的走势符合你的预判，哪怕暂时有浮亏也根本没有必要去止损。因此，止损方法是和你的交易策略密切相关的，脱离交易策略来谈止损是没有意义的。

这就是嵌套理论的止损观点跟传统止损观点的根本不同之处。

5.1.2　关于止损点

在行情触及止损点就必须无条件止损的大前提下，怎样设置止损点就成了重中之重。传统止损点的设置是通过设定一个固定的亏损比例来完成的。比如，《炒股的智慧》一书给出的止损建议就是，在进场后马上设置 5%~8%的止损比例。

但嵌套理论的止损观点认为，止损和投资者能够承受的损失、建仓的仓位和入场点有关。投资者建仓的仓位越重、所能承受的损失越小，其止损空间就越窄；投资者建仓的仓位越轻、所能承受的损失越大，其止损空间就越宽。重仓必须设立严格的窄幅止损空间，轻仓可以设立宽松的止损空间。举个极端的例子，你用100万元来做菜粕，如果你开仓500手多单，跌5个点就得考虑止损了；但如果你只开仓1手多单，哪怕跌200点，你都可以不止损，甚至还可以继续补仓。因此，合理的仓位决定了投资者的止损空间到底有多大，轻仓可以给投资者更大的容错空间，保证交易的成功率。

嵌套理论反对重仓交易，因此本书对极端的重仓交易不予讨论。轻仓、顺势、中长线才是赚钱的正确方法。因此，嵌套理论的交易系统设置止损点的前提是轻仓。在一般情况下，每次期货交易使用不超过你用于期货交易的总资金的3%，每次股票交易使用不超过你用于股票交易的总资金的10%，并在此基础上进行止损点的设置。如果你的每次交易都脱离了这样的建仓仓位，则本书介绍的止损策略就不适合你的交易。

由于嵌套理论的交易系统包括了趋势交易策略和震荡交易策略，因此止损也包括趋势交易策略中的止损和震荡交易策略中的止损两种情况，它们分别对应开仓时所采取的策略。所以我们必须牢记嵌套理论第一定律：你在每次进场前，必须预先决定这是一次趋势交易操作，还是一次震荡交易操作。如果你认为现在的行情是趋势走势，准备进行趋势交易操作，就一定要按照趋势交易策略来设置止损点；如果你认为现在的行情是震荡走势，准备进行震荡交易操作，就一定要按照震荡交易策略来设置止损点。

如果你对行情走势判断错了怎么办？不要紧，到了止损点坚决止损即可。轻仓可以保证你在判断错误的时候也会因为正确的止损操作而不至于遭受重大损失。止损点的设置和止损关键位密切相关。

5.2 止损关键位

在讨论止损点时，我们先要了解"止损关键位"的概念，止损点设置在止损关键位以外被有效突破的位置。本节主要研究的就是如何确定趋势交易策略和震荡交易策略的止损关键位。

5.2.1 趋势交易策略中的止损关键位

趋势交易策略中的止损关键位（以做多为例）：前低、趋势线、主要移动平均线。上述这些位置均是运行中的趋势行情得以维持的关键位置。

1. 前低

根据趋势的定义，在多头趋势中，每一次回调都不应该低于前低，所以前低是维持一个趋势继续运行的止损关键位。

图 5-1 所示是贵州茅台在一段上涨趋势中的止损关键位示意图。这段上涨趋势中的每一个前低都是止损关键位。随着趋势的不断延伸，投资者要把止损关键位逐步调高。

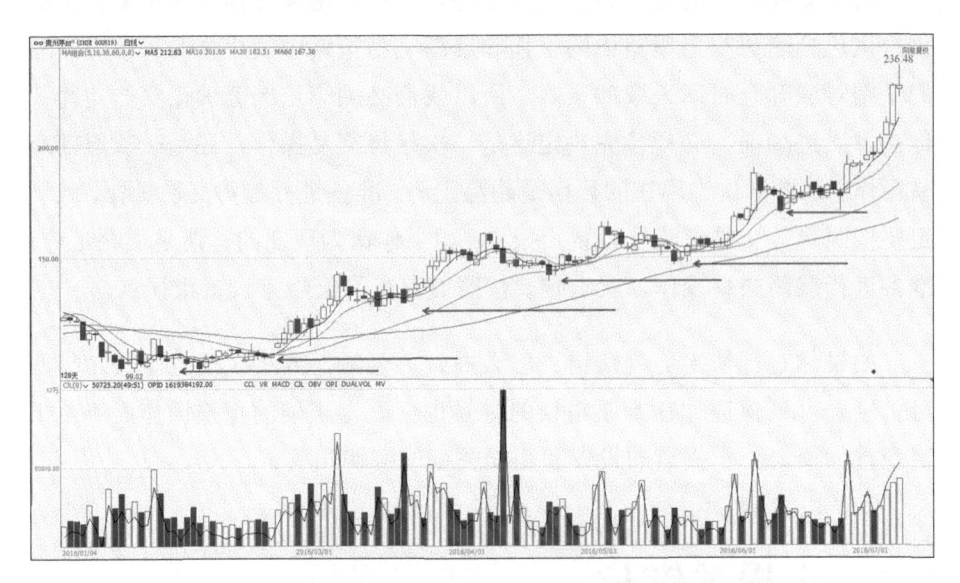

图 5-1 贵州茅台在一段上涨趋势中的止损关键位示意图

2．趋势线

趋势通道的下沿也是一个止损关键位。如果某个位置既是趋势通道的下沿，又是前低，那么这个位置就更为关键。

图 5-2 所示是五粮液在一段上涨趋势中形成的上涨通道，通道下沿就是止损关键位。如果股价有效跌破通道下沿，就应该止损。

图 5-2　五粮液在一段上涨趋势中形成的上涨通道

3．主要移动平均线

主要移动平均线都可以被视为止损关键位，因为移动平均线对趋势的运行有支撑作用。短线投资者、中长线投资者会选择不同周期的移动平均线来确定止损关键位，常见的周期为 20 日。

图 5-3 所示是长春高新在一段上涨趋势中受到主要均线支撑的效果体现。以日 K 线图为交易对象的中长线投资者，可以将 20 日移动平均线作为止损关键位。

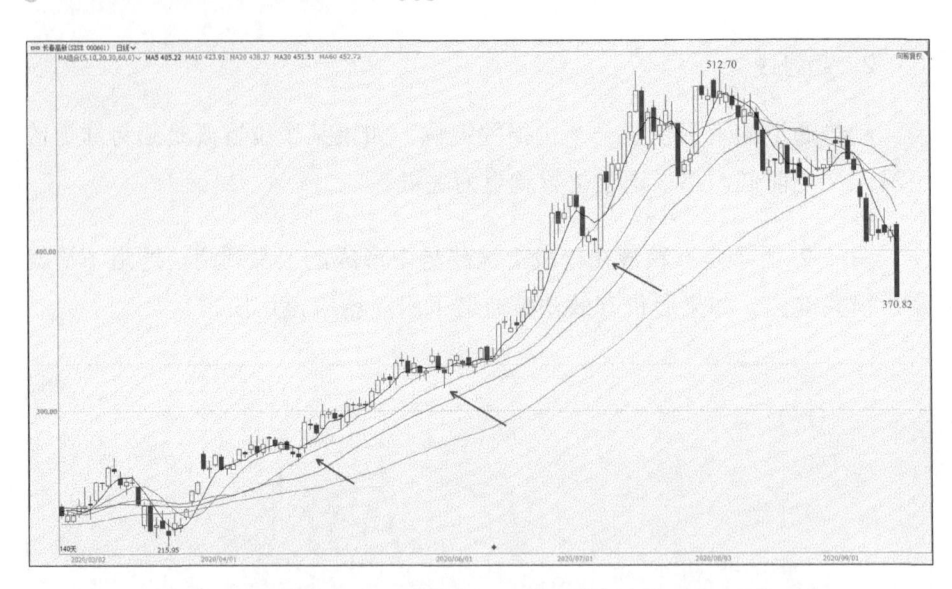

图 5-3　长春高新在一段上涨趋势中受到主要均线支撑的效果体现

5.2.2　震荡交易策略中的止损关键位

震荡交易策略中的止损关键位是震荡区间的支撑位和压力位。

研究震荡区间的支撑位和压力位的主要意义在于，我们可以在这个区间内按照震荡交易策略进行交易，只有这个区间被突破，才考虑改变交易策略。即当价格回调到震荡区间的下沿时买入，当价格反弹到震荡区间的上沿时卖出，但是一旦市场跳出这个横盘整理区间，无论往哪个方向突破，都要舍弃原来的操作思维，朝着突破所显现的方向按照趋势交易策略建仓。

图 5-4 所示就是典型的震荡区间，有明显的支撑位和压力位。

对于每一个处于震荡状态的品种，你要确认两件事情：（1）震荡区间的下沿和上沿，即价格的支撑位和压力位，这两个位置就是止损关键位；（2）当价格上涨（下跌）到何种程度时，才构成对震荡区间的突破，而这个突破点所在的位置就是你的出场点（止损点或反手点）。

图 5-4　典型的震荡区间

5.2.3　突破的确认

突破的确认点（止损点）位于止损关键位的外部不远处，这是投资者改变原有的交易策略的位置，在这里你应该平掉手里可能有的逆势仓位，并建立顺势的仓位。但这个位置到底应该设立在距离止损关键位多远的地方，这是交易过程中最难以确定的问题，可以说因品种的不同而相差甚远。如果突破的确认点设得离止损关键位太近，就会经常发生无谓的止损或追击失败；如果突破的确认点设得离止损关键位太远，等你止损时又会造成巨大的损失或者已经失去了好的入场时机。总体而言，笔者建议在选择入场点时要求盈亏比大于 3，然后倒推出止损的位置，这样既考虑到了走势的形态，也不会对资金造成大的威胁；或者直接在止损关键位外一定百分比的位置止损，这个位置对期货来说可以设在 0.5%～1%，对股票来说可以设在 3%～5%。如果在止损以后价格又回到了原来的区间，那么我们可以认为这次突破是失败的，要重新拿回原来的头寸。

关于盈亏比的概念，本书将在第 6 章中予以介绍。

图 5-5 所示是上海期货交易所螺纹钢 2205 合约在 2021 年 9 月至 2021 年 10 月的走势。我们可以把有效前低 5030 点作为支撑位来看待，当 10 月 21 日下午一根长阴线击破支撑位以 4962 点收阴时，行情已经跌破支撑位 68 点，跌幅达 1.3%，我们可以认为下跌突破已经被确认。同样，在本次下跌后，又形成了 4600 点的支撑位，但在 10 月 27 日上午再次以长阴形态 4436 点收阴时，突破支撑位 164 点，跌幅达 3.5%，我们可以在日内分时走势图中再次确认下跌的有效突破。

图 5-5 上海期货交易所螺纹钢 2205 合约在 2021 年 9 月至 2021 年 10 月的走势

5.3 嵌套理论的止损策略

浮亏的头寸能否死扛，也是分不同情形的，但无论如何，一旦触及止损点，就必须止损。

5.3.1 可以死扛的头寸

根据嵌套理论第三定律，未有效突破止损关键位的头寸可以死扛不止损。

1. 趋势交易策略中未破趋势的头寸

在趋势运行的过程中，虽然走势有时会回头、中止，但如果这种反向走势没有突破原有的趋势，就不用止损，可以死扛，甚至加仓。比如，当价格跌破 20 日均线时，整个走势如果仍然属于趋势运行状态，根据格兰维尔移动平均线交易法，你在这个时候甚至可以加仓。

如图 5-6 所示，在贵州茅台上涨过程中，移动平均线排列整齐，上涨趋势形态完好，价格一直在中期均线以上运行。因此，即使出现跌破短期均线的情形，也可以不用止损，继续持仓死扛。

图 5-6　上涨趋势未被跌破可以不用止损

2. 震荡交易策略中仍在震荡区间的头寸

以期货交易为例，假如你判断一个品种的震荡区间是上下 100 点，你在其中的中位线开了一个多单，如果价格下跌了 30 点，就没有必要止损，因为区间震荡行情的特点是价格仍然会反弹回来，继续向上沿的压力位靠近。在震荡行情中你要做的是止盈，而不是止损。比如，你在中位线开了多单后，价格向上运行了 30 点，有了 30 点利润，就可以止盈，然后反手，这样就等于你在中位线偏上 30 点的位置开了空单,你赚钱的概率就更大了。只有确定行情上涨/下跌到有效突破了震荡区间时才止损。所以,越在靠近区间上沿、下沿的位置进行交易,你的安全系数越大。当然,笔者对那种趋势嵌套震荡的行情是反对双向操作的,只建议按照原有的趋势方向做单向操作,只有在大周期内处于宽幅震荡区间的品种才适合双向操作。

在股票交易中,更常见的是在漫长的筑底阶段和上涨中继阶段会出现震荡区间。在这种情况下,行情走势的震荡区间相对而言是比较容易判断的,你在震荡箱体的下部建仓,只要行情未有效跌破箱底,就无须止损。

图 5-7 所示是宁德时代在 2020 年 7 月至 2021 年 1 月的走势。在 2020 年 11 月左右,宁德时代在上涨的过程中形成了一个震荡区间,其压力位为阶段性高点 274.99 元/股。如果投资者在这个阶段性高点后采用震荡交易策略,并在 11 月 11 日进行抄底建仓,由于这个仓位建立在震荡区间中位线以上一个不太好的位置上,在几天后价格跌破中位线时就会产生比较大的浮亏,但由于价格仍然在震荡区间内,这个头寸可以死扛而不止损。

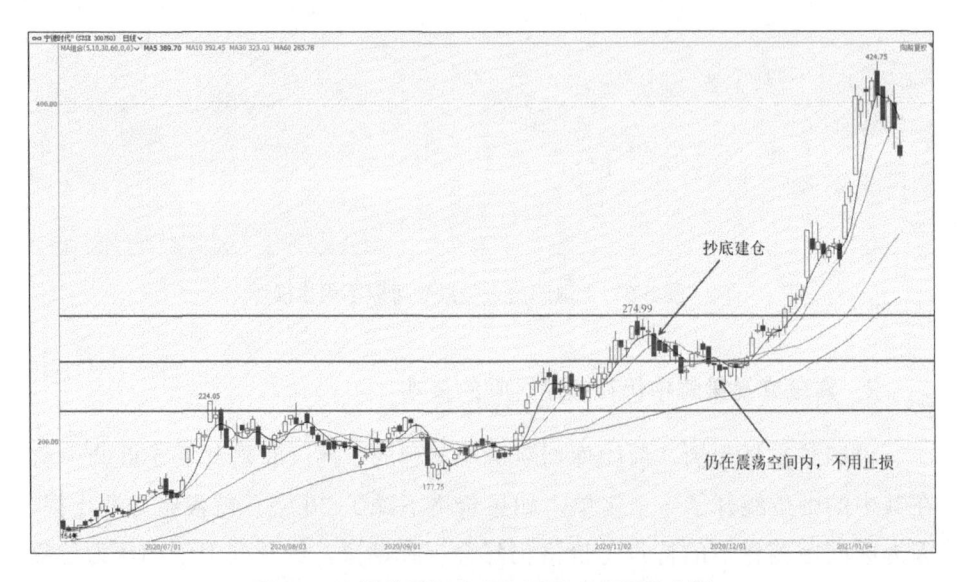

图 5-7 在震荡区间内产生浮亏可以不用止损

5.3.2 不能死扛的头寸

根据嵌套理论第三定律，被有效击破止损关键位的头寸一定要止损！

1. 趋势终止的头寸

趋势交易策略的止损点设在有效终止原趋势的位置。趋势行情的走势一旦越过止损关键位达到止损点，则必须止损，因为这样的走势意味着趋势的终止！注意此处的用词：是趋势终止，而非趋势中止。

那么对于趋势暂时中止而未终止的行情呢？根据嵌套理论第二定律，我们可以按照震荡交易策略来进行交易。一个大趋势是很不容易终止或反转的，你碰到的情况大概率是行情的中止，这个时候你可以适当止盈，收割大部分利润，然后转为震荡交易策略，寻找新的开仓或平仓的时机，具体的操作方法笔者会在第9章向读者进行介绍。

因此，在趋势中止时，我们主要选择的是减仓并使用震荡交易策略操作，而在趋势终止时选择的是平掉原有仓位，并考虑是否进行反向趋势操作。

图5-8所示为2020年2月至2021年4月大连商品交易所玉米加权指数的走势。玉米加权指数在2020年年初形成了典型的上涨趋势，原则上在出现震荡区间时应采取逢低加仓或突破加仓的操作手法。但在2021年3月中旬，玉米加权指数的价格有效跌破60日均线，并且上涨趋势的走势形态也被破坏，此时我们可以判断上涨趋势已经终止。这时如果投资者手里还持有多单，则要在上涨趋势终止时全部离场。

2. 突破震荡区间的反向头寸

震荡交易策略的止损点设在区间外部一定的位置。比如，你在震荡区间中位线以下的位置做多，但行情却向下突破了下沿的支撑位，此时，震荡行情有往下跌趋势演变的可能，那你手中的多单就是一个反向头寸，必须止损。对股票交易而言，你在某一个震荡箱底抄底，但股价继续下跌跌破底部的支撑位，此时必须止损。

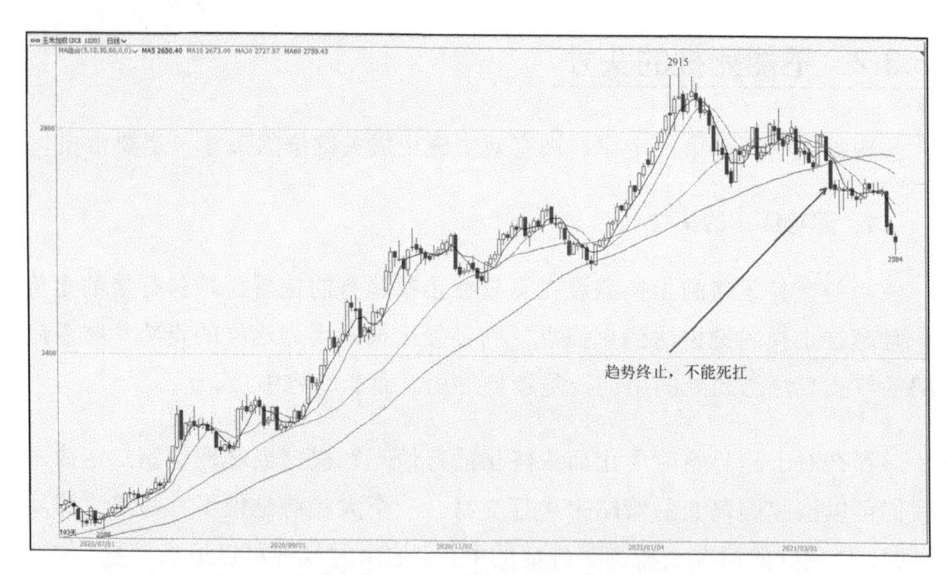

图 5-8　2020 年 2 月至 2021 年 4 月大连商品交易所玉米加权指数的走势

　　图 5-9 所示是乐视股份在 2016 年 6 月至 2017 年 2 月的走势。其在下跌过程中形成了一个震荡区间，如果那时投资者对乐视股份还抱有幻想，在 22 元/股左右抄底，那么在 11 月 2 日盘中出现长阴线并跌破支撑位时，必须立即止损！

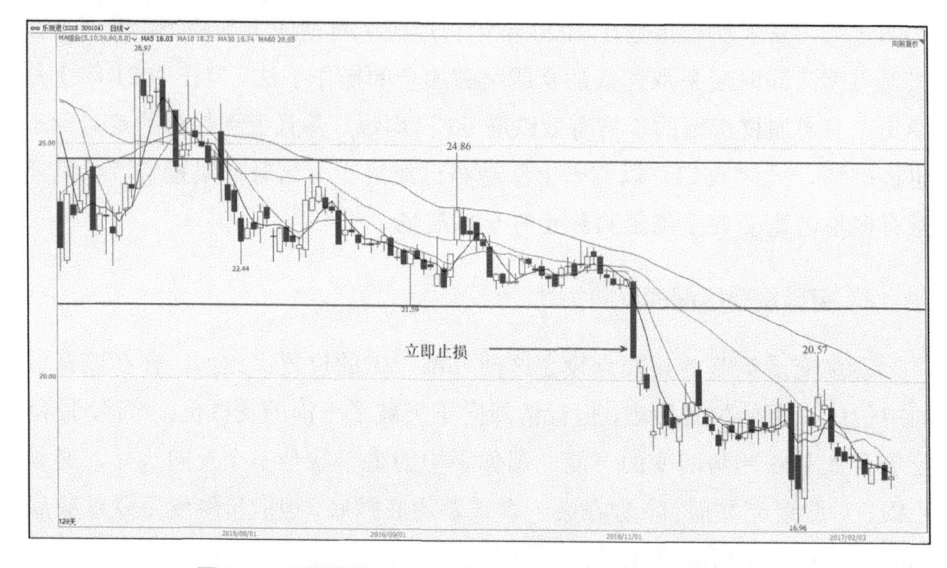

图 5-9　乐视股份在 2016 年 6 月至 2017 年 2 月的走势

5.3.3 止损时的注意点

（1）趋势交易策略的止损点到底设置在止损关键位以外多远才能被视为有效突破？这是一个没有统一答案的问题。以移动平均线为例，当你选择中期均线作为判断趋势仍然维持的依据时，你选 20 日均线、30 日均线都可以。既然连均线标准都可以任意选择，那么把均线外的某个位置作为止损的绝对值又有什么意义呢？但这并不意味着选择止损点是没有依据的。我们在选择均线标准时，首先可以根据品种的历史走势，寻找一根比较符合它的性格的均线，然后以此作为基准；其次我们再选择一个比较合适的能够被有效击破的判断标准，如 3%，并将此作为止损点。这里最关键的不是选择判断标准，而是在确定判断标准后，一旦价格触及止损点则必须执行！因为任何标准的选择都不能保证 100%地正确，都可能在止损后马上发生行情逆转，我们唯一能够保证的是通过止损避免巨大的损失。

（2）一旦出现逆趋势的行情，按照嵌套理论第二定律，一定要先将其看作区间震荡行情，按震荡交易策略进行处理。比如，现在的趋势是明显空头向下的，但日 K 线级别出现了下跌无力、带长下影的 K 线，这时要先将这种情况看成下跌过程中嵌套了一个刚开始上涨的震荡，再随时寻找高位进行压制。如果此时要做多，一定要非常小心，一旦发现上涨乏力，就要立刻平仓离场，不可恋战。比较好的策略是在出现这种情况后先平仓部分空单，然后等上涨乏力后再抓拐点开空。

（3）虽然在震荡区间内原则上可以做双向交易，但你仍然要对行情从更高级别的趋势来做预判。如果月 K 线、周 K 线级别是下跌趋势，你要尽量只做空，而不要多、空两个方向都做；如果月 K 线、周 K 线级别无趋势，做多或做空都可以。比如，在进行股票交易时，一般在保留一定底仓的前提下，在低位买、高位平，然后等下跌到下沿后再低吸。这样即使行情再向上突破，你也只是损失一部分头寸而已（如果产生了新的突破，可以根据本书介绍的方法追击，连头寸都不会有多少损失），不会有大的损失产生。

（4）如果你对行情判断错误，把趋势行情当成了震荡行情，把震荡行情当成了趋势行情，一旦行情到达了你的止损点，一定不能死扛，要立刻止损，甚至反手。这就是所谓的"看错但不做错"。止损后如果行情又恢复到原来的状态怎么办？此时不要纠结你踏空的那几个百分点，要立刻采取原有的操作策略进行操作！

（5）在趋势走势阶段，要注意根据行情的变化不断调整止损点。

（6）在根据止损关键位来确定止损点的情况下，不论是趋势交易还是震荡交易，你的入场位就决定了你的止损范围。你的入场位越精确，你可能面临的破位后的损失就越小；你的入场位越粗糙，一旦破位后你的损失就会越大。这是对入场位不准的惩罚，也是嵌套理论要求投资者耐心等待"值得交易的形态"的重要原因。

（7）趋势止损，震荡止盈，切不可做成趋势止盈、震荡止损。交易盈利的秘密尽在其中。

第 2 篇　技术篇

第 6 章
走势分析

6.1　技术分析的作用

走势分析是指对行情目前的运行态势进行的分析判断，即对目前行情是处在一个正常运行的趋势过程中，还是已经陷入了震荡状态进行判断。走势分析属于广义上的技术分析手段的一种。如果你能够熟练掌握走势分析，那就相当于处于高屋建瓴的位置，就会对即将采用的交易策略成竹在胸，这个时候再来看各种技术分析指标就会有一种"登泰山而小天下"的感觉，所以本书将走势分析放在技术篇的首章进行讲解。进行走势分析最主要的方法是对 K 线图进行形态分析，同时也可以用一些技术指标，如移动平均线、MACD 等，来进行辅助判断。

我们进行股票交易或期货交易的对象到底是什么？是某一个特定的品种吗？我想这是很多人的答案。但如果你翻看各只股票或各个期货品种的 K 线图的走势，你会发现很多走势的形态会出现非常相似的地方，这种相似之处已经超越了股票或品种本身的差异，这说明各只股票或各个品种的走势都是有一定的内在客观规律的，这也是技术分析得以存在的基础。因此，对于任何用于交易的股票或品种，即使你对其基本面毫不了解，也是可以只从技术分析入手来进行交易的。

技术分析能保证投资者赚钱吗？不能！技术分析的主要作用是防止投资者因误判而产生巨大的亏损。技术分析并不能保证让投资者赚钱，能让投资者赚钱的是合理的资金管理方式。关于这一点，本书在第 7 章会做进一步的说明。只有想通了这一点，投资者才能真正领悟技术分析的价值，并在实践中得心应手地应用各种技术分析指标。事实上很多人对技术分析的认识都陷入了误区，他们殚精竭虑，希望找到一个能带给自己丰厚利润的指标和公式，想靠着这个秘密武器实现无风险入场，但是等来的却是一次次的失望和一次次的亏损。

但是，技术分析确实可以提高操作的成功率。我们通过对无数品种的历史走势进行分析，从中总结出一定的规律，而这种规律从本质上来说，是和人的本性密切相关的，即"投资如山岳一般古老，而人性亘古不变"的道理。掌握了行情走势的规律，我们就会离成功更近一步。在嵌套理论的交易系统中，技术分析最重要的作用就是通过对 K 线图的走势进行形态分析，判断行情现在所处的状态，从而决定下一步的操作策略。

我们在对 K 线图的走势进行形态分析后，选用的交易策略是否就一定很准确呢？笔者认为，这个选择结果本身并不重要。通过对本书的学习你就会明白,你选择的交易策略和行情未来的走势相一致,是最理想的结果,但即使你的选择错了,嵌套理论交易系统合理的资金管理方式和操作原则,仍然不会给你带来致命的风险,即所谓的"看错但不做错"。

记住:让技术分析截断你的亏损,让市场带给你利润!

6.2 趋势形态分析和震荡形态分析

6.2.1 趋势形态分析的主要注意事项

趋势不但具有方向性,而且具有多种时间周期,理解趋势在时间角度上的区别是极为重要的。根据时间周期的长短,趋势大体可以划分为主要趋势、次要趋势和短暂趋势。每一个趋势都是其上一级趋势的一个组成部分,同时,它自身也是由多个更短周期的趋势所构成的。但是,到底哪个周期的趋势算是主要趋势,哪个周期的趋势算是次要趋势,这没有统一的标准。具体的划分,需要投资者根据自身投资的市场、资金规模、风险承受能力、时间精力及个人性格灵活选择。了解趋势运行的节奏,对我们的交易具有重大的意义。

1. 趋势的形态:峰谷递延

根据嵌套理论,一波趋势从开始到结束,绝不是一帆风顺的,而是由一系列的"趋势+震荡"组成的,也可以说是由一系列的波峰、波谷组成的。只有了解趋势的周期性,才能更好地认识到一波主要趋势是由一些更短周期的趋势构成的,其中包含一系列更短暂的上升趋势和下降趋势。

如图 6-1 所示,点 1 和点 2 之间相邻的波峰和波谷依次上升,我们从而认为主要趋势为上升趋势。点 2 和点 3 之间是一段调整行情,它是前述主要趋势中的一个次要趋势,是上升趋势的一部分。点 2 和点 3 之间的变化同时也由 A、B、C 三个较小的波段构成。在 C 波段,投资者或许会判断主要趋势依然为上升趋势，但次要趋势和短暂趋势是下跌趋势。在点 3 和点 4 之间，三个层级的趋势均呈上升趋势。

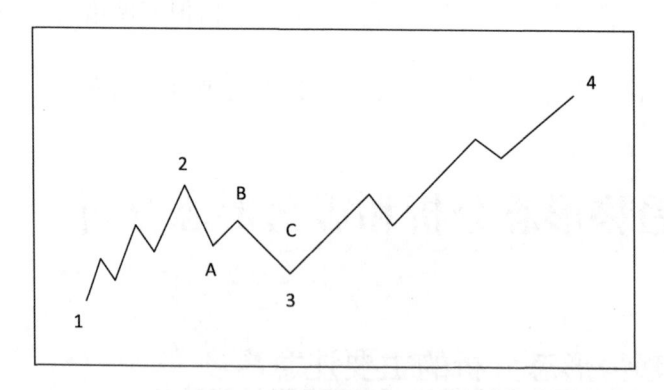

图 6-1　上升趋势的峰谷递延

图 6-2 所示是下跌趋势的峰谷递延，读者可以参照图 6-1 的说明，自行体会下跌趋势峰谷递延的表现。

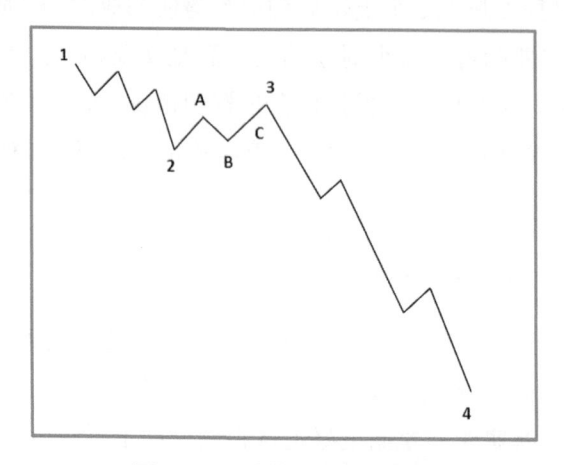

图 6-2　下跌趋势的峰谷递延

请读者注意，趋势的峰谷递延是一个非常重要的特性，它决定了趋势的存亡。在一个上升趋势中，如果出现了一个比前面更深的谷，则意味着上升趋势被破坏；在一个下跌趋势中，如果出现了一个比前面更高的峰，则意味着下跌趋势被破坏。

但用峰谷递延来判断趋势的存亡，应该尽量以大周期的 K 线图为准，并且排除偶发事件对 K 线图的影响，这样才能得出比较准确的结论。比如，2014 年 9 月 17 日盘中出现的沪铜乌龙指事件（见图 6-3）、2013 年 8 月 16 日出现的光大乌龙指事件（见图 6-4），这样的偶发事件影响了 K 线图的形态，但对整个趋势来说是无关紧要的。因此在进行图形分析时要把偶发事件排除，或者直接采用收盘价连线图进行图形分析。

图 6-3　2014 年 9 月 17 日盘中出现的沪铜乌龙指事件

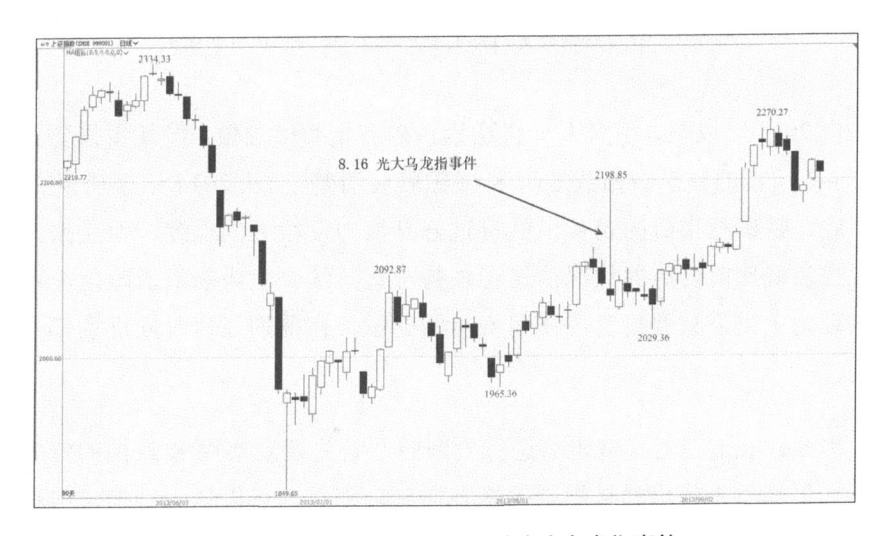

图 6-4　2013 年 8 月 16 日的光大乌龙指事件

了解"趋势的长期走势是由不断延续的峰谷递延所构成的",可以坚定你的持仓信心。

图 6-5 所示是格力电器在 2017 年 2 月至 2017 年 10 月的走势,这就是一个标准的峰谷递延走势。在 2017 年 7 月下旬前,峰谷递延的形态一直存在,这意味着投资者可以一直持有这只股票。直到 2017 年 8 月上旬,峰谷递延形态被破坏,投资者才需要终止本次的趋势交易策略。

图 6-5 格力电器在 2017 年 2 月至 2017 年 10 月的走势

自 2014 年以来,很多人一直认为铁矿石指数很难做,但其实只要看看如图 6-6 所示的铁矿石指数的周 K 线图就会清楚了。从 2014 年年初到 2015 年年底,铁矿石指数的走势虽然有过好几次力度很大的反弹,但从来没有出现过后峰比前峰高的状况,这种跌势一直延续到趋势的最后阶段。可以说从理论上讲,只要投资者使用安全的仓位,在前期任何时候进场都是正确的。

因此,我们在对行情走势进行判断时,首先要观察周 K 线图的峰谷走势,如果峰谷走势仍然是规则的峰谷递延,那么就可以认为行情走势仍然处于趋势行情状态。

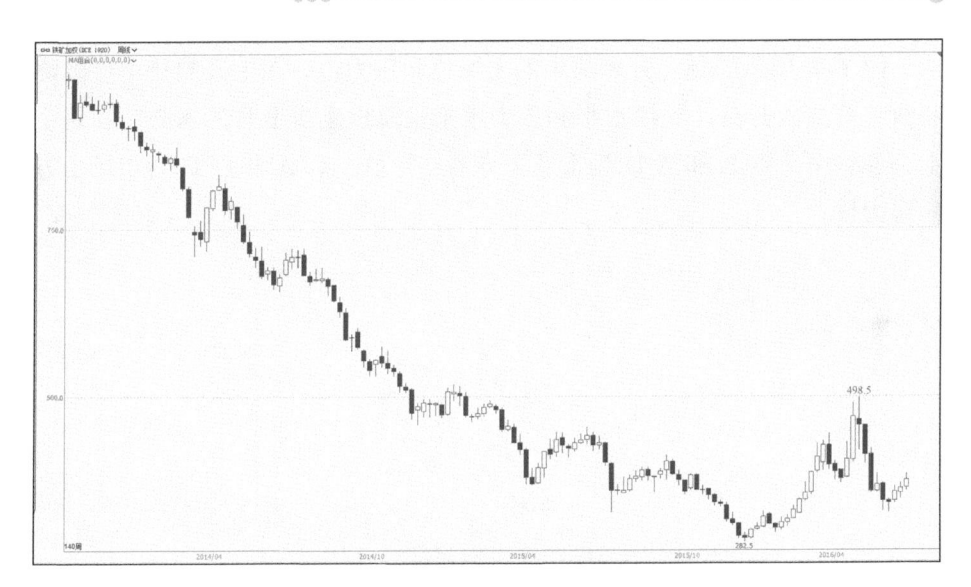

图 6-6　铁矿石指数的下跌峰谷递延

如果某一个品种的周 K 线图呈现峰谷不清晰的情况,那么应该先按震荡行情来对待。

2. 趋势中的支撑位和压力位

趋势在延续过程中存在着一个个的支撑位和压力位。整个上升趋势就是在支撑位的支撑下,通过突破一个又一个的压力位来完成的;整个下降趋势就是在压力位的压制下,通过突破一个又一个的支撑位来完成的。

支撑位是指向上反弹的低点,是过去形成的,用某个价格水平来表示,代表在这个区域内买方兴趣强大,足以支撑卖方形成的压力,结果价格在这里停止下跌,继续向上反弹。通常,在一个向上反弹的低点形成后,就可以确定一个支撑位。如图 6-7 所示,点 B 和点 D 分别代表上升趋势中的两个支撑位。

压力位与支撑位相反,在当前价格的上方,也是以某个价格水平来表示的,代表此处卖方压力很大,压力水平通常以前一个峰值为标志。在图 6-7 中,点 A 和点 C 分别是两个压力位。

图 6-7 展示的是上升趋势中的支撑位和压力位。在上升趋势中，波峰和波谷都依次升高，支撑水平和压力水平呈现出逐步上升的态势。在这个上升趋势中，点 B 和点 D 为市场下方的支撑位，点 A 和点 C 为市场上方的压力位。

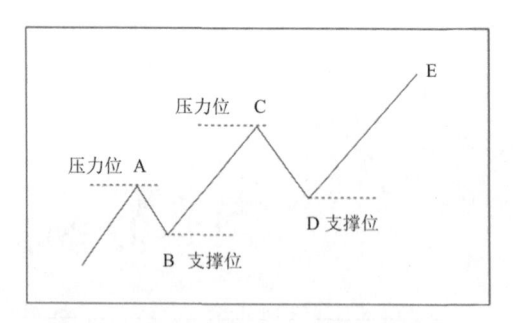

图 6-7 上升趋势中的支撑位和压力位

图 6-8 展示的是下降趋势中的支撑位和压力位。在下降趋势中，波峰和波谷都依次降低，压力水平和支撑水平呈现出逐步下降的态势。在这个下降趋势中，点 A 和点 C 为市场下方的支撑位，点 B 和点 D 为市场上方的压力位。

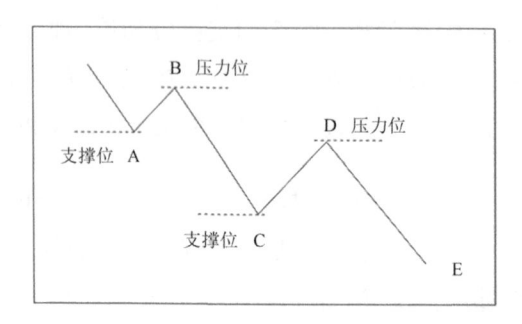

图 6-8 下降趋势中的支撑位和压力位

在上升趋势中，压力位意味着上升势头将在此处停止，但此后大概率会被向上突破。而在下降趋势中，支撑位也不足以长久地支撑市场，大概率会被向下突破，只是使下降趋势暂时受挫。

3. 压力位与支撑位的角色互换

我们一般将支撑位定义为前一个低点，将压力位定义为前一个高点，但是实际情况并不始终如此。当支撑位或压力位被足够大的价格变化有效突破时，它们就会互换角色，即原来的支撑位变成了后面的压力位，或原来的压力位变成了后面的支撑位。

如图 6-9 所示，在上升趋势中，压力位在被市场以足够大的幅度向上突破后，就会演变为支撑位。在点 A 处的压力位被有效突破后，当价格由点 C 的价格水平回落到点 A 的价格水平时，原来的压力线在点 D 处就形成了支撑位。

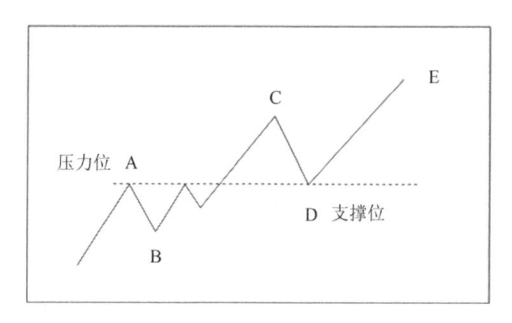

图 6-9 上升趋势中的支撑位和压力位互换

如图 6-10 所示，在下降趋势中，在支撑位 A 被有效突破后，当价格从点 C 的价格水平反弹到原来的支撑位 A 的价格水平时，点 D 就变成了压力位。

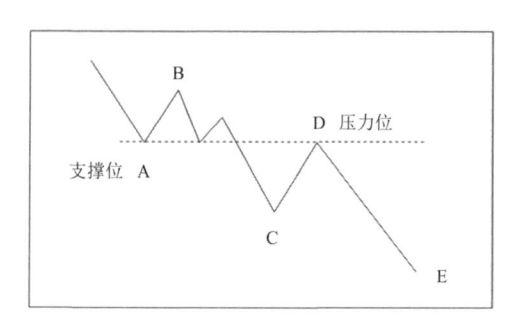

图 6-10 下降趋势中的支撑位和压力位互换

支撑位和压力位的意义在交易过程中非常重大，大家务必要好好地理解。很多建仓点、止损点都与支撑位和压力位有关。另外，请读者细心领悟支撑位、压力位和峰谷递延的关系，往往一个大级别的支撑位、压力位被反向突破，会导致峰谷递延被破坏，从而结束一轮趋势。

4．趋势线的画法

为了更清晰地观察趋势的走势，我们要学会画趋势线。

首先我们要明确趋势线的定义：连接某一时间段内的最低点（或相对低点）与最高点之前的任意低点，中间不穿越任何价位的直线是上升趋势线，如图 6-11 所示；连接某一时间段内的最高点（或相对高点）与最低点之前的任意高点，中间不穿越任何价位的直线是下降趋势线，如图 6-12 所示。唯一可以排除不穿越价位这个要求的例外情形是出现了可以确认的乌龙指事件。

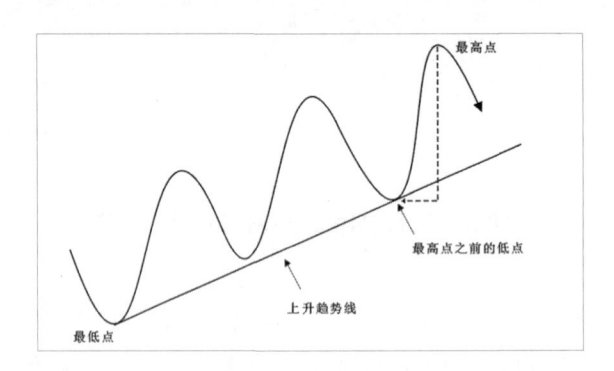

图 6-11　上升趋势线

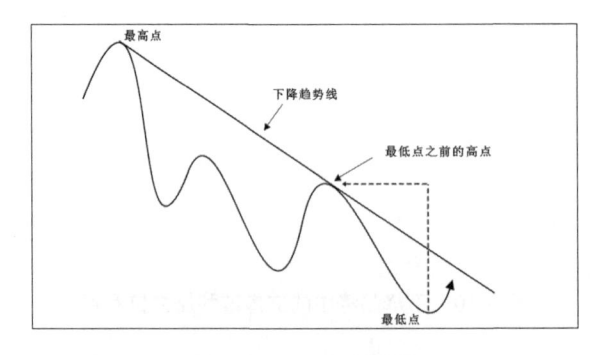

图 6-12　下降趋势线

趋势线画得正确与否，会给我们的交易策略带来重大的影响。下面我们来对比研究一下图 6-13 与图 6-14 所展示的趋势线对交易策略的影响。其中，图 6-13 中的虚线是正确的上升趋势线的画法，它严格符合定义中的所有条件，连接了最低点和最高点之前的低点；图 6-14 中的虚线是错误的趋势线的画法，因为其所连接的是最低点和最高点之后的低点。虽然看起来只是很小的差别，但是它们所发出的信号却是截然不同的。图 6-13 中正确的上升趋势线表明，目前市场已经或即将转为下降走势，采用的交易策略将是逢高位卖出；图 6-14 中错误的上升趋势线告诉我们，目前市场还处于上升趋势，应该采用低位买入的交易策略。

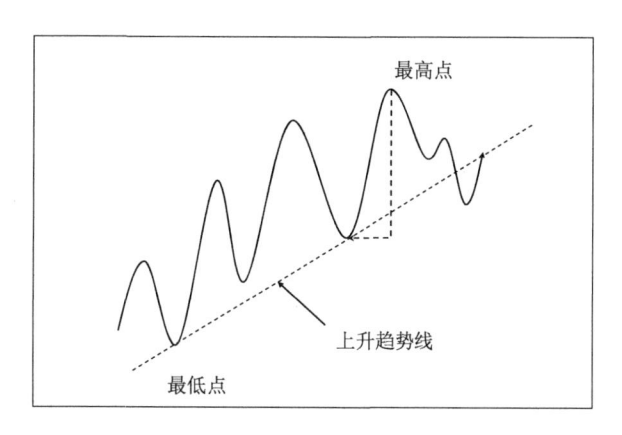

图 6-13　正确的上升趋势线的画法

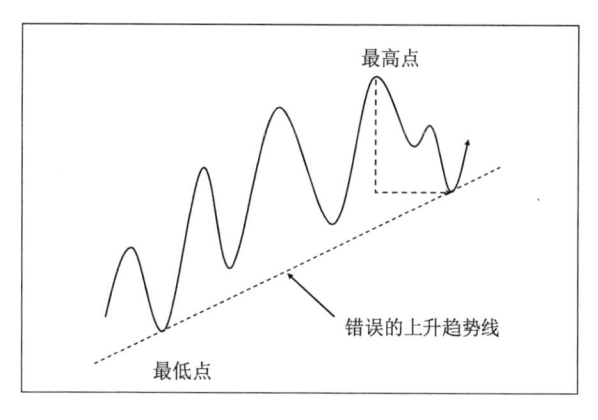

图 6-14　错误的上升趋势线的画法

上升趋势线的特例：只有一种情况允许上升趋势线连接最低点和最高点之后的低点，那就是当市场形成双顶时，如图6-15所示。

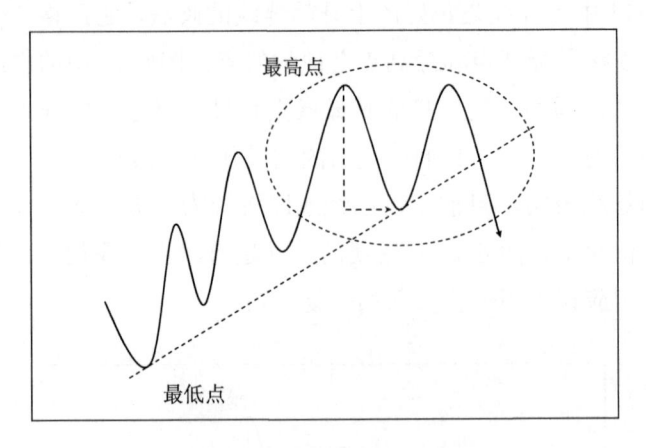

图6-15　上升趋势线的特例

下降趋势线的画法与上升趋势线的画法相同，这里就不再赘述。

下面我们总结一下绘制趋势线的原则。

（1）上升趋势线不能连接最低点和最高点之后的低点；下降趋势线不能连接最高点和最低点之后的高点，错误画法如图6-16所示。

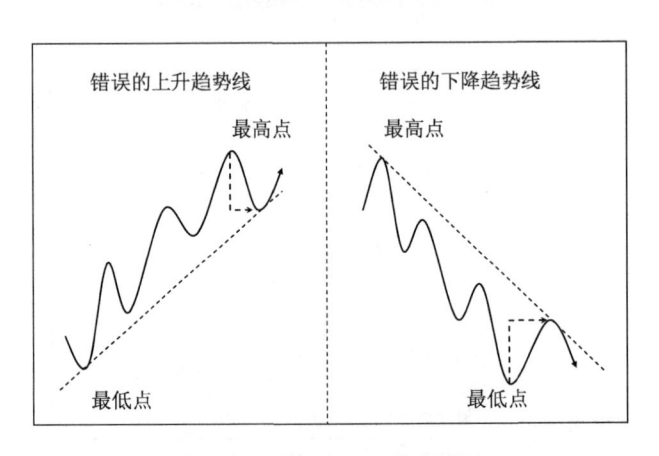

图6-16　错误之一：选点错误

（2）价位不能穿越绘制的趋势线，错误画法如图 6-17 所示。

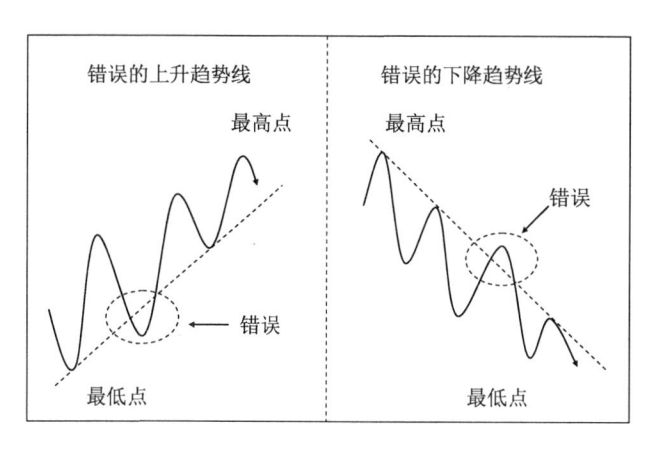

图 6-17　错误之二：价位穿越

（3）选择的两点之间要有一定的时间跨度，并且两个连接点不能偏向最低点或最高点的一边。错误画法如图 6-18 所示。

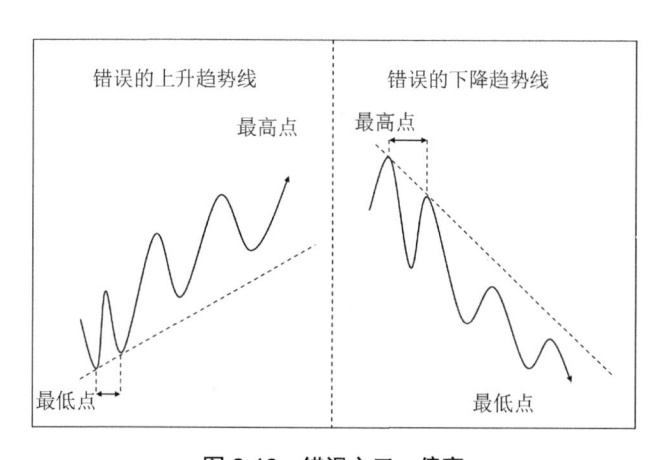

图 6-18　错误之三：偏离

真正有价值的趋势线应该尽量与上升趋势或下降趋势的中轴线平行，正确的画法如图 6-19 和图 6-20 所示。

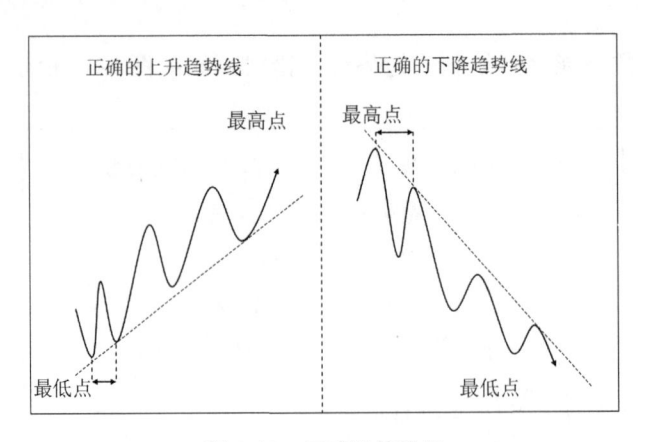

图 6-19　正确的趋势线

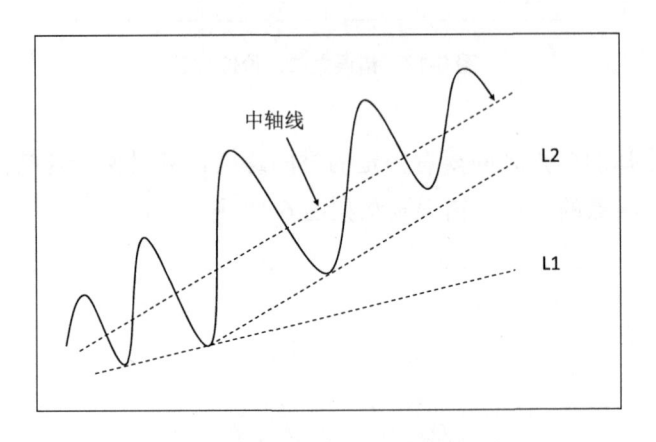

图 6-20　趋势线要尽量与中轴线平行

5．趋势通道

趋势通道是趋势线的另一个主要应用，同样具有非常高的使用价值，并且在本书所讲的嵌套理论中也占有很重要的实战地位。

在学会画趋势线之后，趋势通道的画法就非常简单了。还是以上升趋势为例。如图 6-21 所示，我们首先沿着低点正确画出基本的趋势线，然后从第一个显著的波峰（点 2）出发，用虚线引出其平行线。两条直线均向右上方伸展，共同构成一条通道。如果下一轮上涨在抵达通道的上沿（点 4）后折返下来，那么该通道就成立了一半。如果这次折返一直跌回通道的下沿（点5），那么该通道就基本上得到了肯定。在下降趋势中，情况与上升趋势中的情况类似，但方向相反。

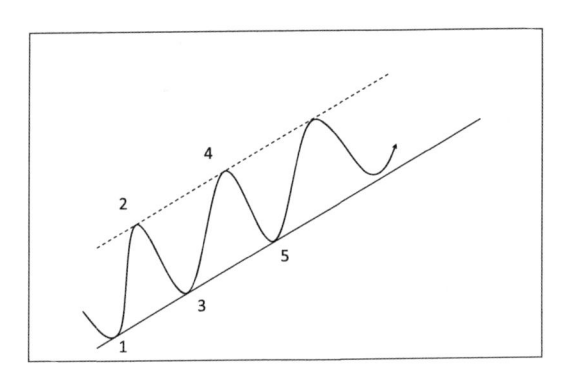

图6-21 上升趋势的通道

一般来说，重要的趋势线（如图6-21中的实线）被突破，表明目前的趋势发生了重大变化。但是上升趋势通道线（如图6-21的虚线）被突破恰好具有相反的意义，它表示趋势开始加速。有些投资者把上升趋势通道的被突破视为增加多头头寸的依据。

此外，我们还可以利用通道技术来辨别趋势减弱的信号，这就是价格无力抵达通道上沿的情况。如图6-22所示，价格无力达到通道的上沿（点5），这也许就是上涨趋势疲软、即将有变的信号，表明通道的下沿（点6）有被突破的可能性。

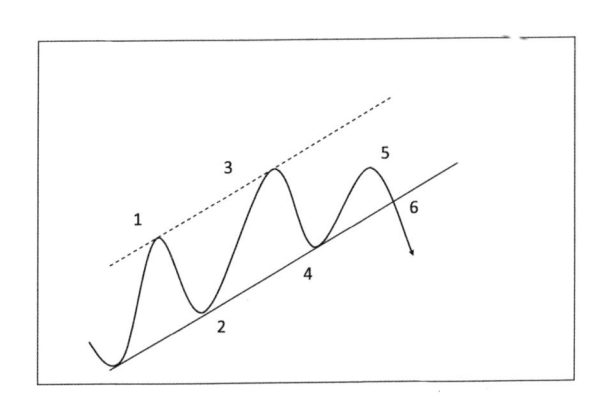

图6-22 疲软的通道

6.2.2　震荡形态分析的主要注意事项

震荡形态分析相对而言要比趋势形态分析简单一些，对震荡形态来说，最重要的概念就是震荡区间的下沿和上沿，也就是支撑位和压力位。关于支撑位和压力位的意义，笔者在本书第 3 章和第 5 章中已经进行了详细的论述，在这里不再重复。

6.3　图形形态

要能够熟练地把嵌套理论应用到实践中，必须对各种 K 线图的形态非常熟悉。其目的就在于我们能够根据 K 线图的形态来计算风报比，并且以此来判断这种形态是否具有交易的价值。

6.3.1　图形形态的数学量化

俗话说，要"计划你的交易，交易你的计划"。在制订交易计划时，通过数学方法来计算每一次交易的风险是非常重要的。

1. 风报比

风报比是指每次交易过程中风险和报酬收益的比率，这是一个完整的交易系统里非常重要的概念。风报比的计算公式为：

风报比＝(胜率×预期盈利百分比) / (负率×预期亏损百分比)

如果你以现价买入某只股票，买入后上涨和下跌的概率都是 50%，而上涨有 15%的盈利空间，下跌有 5%的止损空间，那么这次交易的风报比的计算方式如下：

风报比＝(50%×15%) / (50%×5%)＝3

一般而言，风报比越高，交易的风险越小。以风报比等于 3 为例，你交易 10 次，只要 3 次达到目标就不会亏本（具体推导过程略，有兴趣的读者可以自行去搜索相关资料来进一步学习）。因此，提高交易的风报比具有重要的意义。

通过对风报比的计算公式进行分析，我们可以发现，有两个参数影响风报比：胜率和盈亏比。为此我们要在交易中学会提高这两个参数的方法。

提高胜率的方法有两个：多次实践、在出现胜率高的形态时才进行交易。提高盈亏比的方法是：耐心等待，直到出现高盈亏比的价位时再进行交易。因此，为提高胜率和盈亏比，投资者必须熟悉什么样的形态才是可以交易的形态，以及什么样的形态不值得交易。

2．盈亏比

我们通过对大量 K 线图历史走势的学习，在面对一种特定的 K 线图形态时，自然而然地就会对其未来的走势有一个主观上的判断。虽然这种判断不一定保证百分之百地正确，但在某种情况下，行情能够按照预计的形态表现的概率和幅度还是可以估算的。比如，对于著名的头肩顶形态，价格一旦向下突破颈线，我们就可以大致估计出一个下跌幅度，下跌幅度大致相当于头部到颈线的位置，结合这个形态的合适的止损位置，我们就可以通过计算得出盈亏比。

图 6-23 所示是皖通高速在 2006 年至 2010 年的周 K 线图。我们可以看到，当行情运行到 2008 年 3 月下旬时，形成了一个标准的头肩顶形态。此时颈线处的股票价格约为 10 元/股（向后复权），从顶部 15 元/股到颈线的价格差是 5 元，那么如果该股票下跌突破颈线，价格的跌幅空间也只是 5 元左右。后来皖通高速的走势也证明了这一点。

下面再以上海期货交易所螺纹钢加权指数为例，我们来看一下如何计算盈亏比。

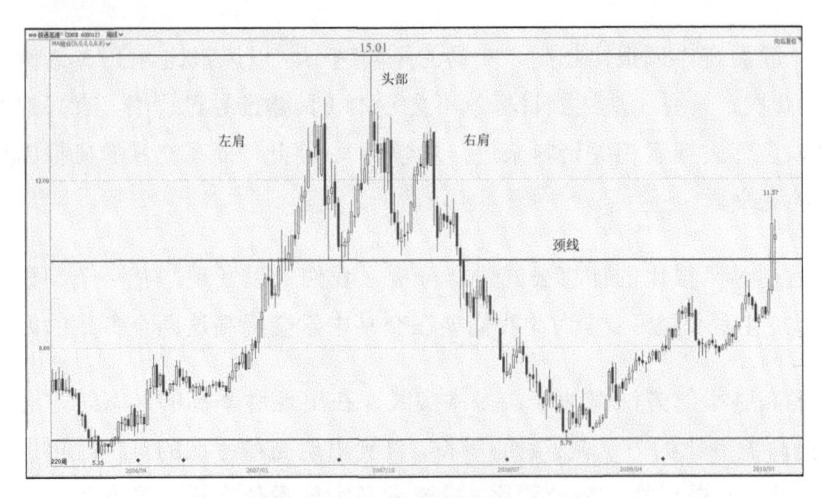

图 6-23　皖通高速的头肩顶形态

图 6-24 所示是上海期货交易所螺纹钢加权指数在 2021 年 6 月至 2021 年 12 月的走势。假定我们在 2021 年 10 月 22 日下午收盘后打开这个图，可以看出螺纹钢加权指数前面的行情是处于一个震荡区间内，上沿的压力位是 5811 元，下沿的支撑位是 4893 元，整个震荡区间是 918 元的空间，中位数是 5352 元。2021 年 10 月 22 日的收盘显示，期价 4836 元已经跌破震荡区间的下沿，但尚未构成有效的突破。这个时候，如果我们准备按趋势交易策略做空，盈亏比该如何计算呢？

图 6-24　螺纹钢加权指数的走势

（1）设定止损点。

一般而言，期货交易的止损点在关键止损位以外的 0.5%～1%，股票交易的止损点在关键止损位以外的 3%～5%。因此，如果我们按照突破 4893 元的趋势交易策略做空，止损点应该是：4893 元×101%＝4942 元。

（2）选择进场时机。

开盘后如果期价在原震荡区间的支撑位之下，我们就可以按照既定的趋势交易策略做空。比如，2021 年 10 月 22 日晚上夜盘的开盘价是 4846 元，我们就可以在这个位置进场做空，我们的止损空间是 4942 元-4846 元=96 元。

（3）预计盈利空间。

这种双头形态如果向下突破，盈利空间大约是从支撑位至压力位的高度，因此向下突破的盈利空间应该约为 900 元。如果在跌幅 70%的位置出场，那么平仓价应该是 4893 元-900 元×70%=4263 元。

（4）计算盈亏比。

（4846-4263）/（4942-4846）≈6

因此，这是一次盈亏比非常高的交易。

3．凯利公式

在我们学会计算盈亏比并能够判断交易胜率的情况下，就可以通过数学模型计算出一个安全的开仓量，著名的凯利公式就提供了这样的功能。

凯利公式是一条可应用在投资领域的资金管理公式。在多次的随机投资中，凯利公式可以让资金的期望增长率最高，并且永远不会导致资金完全损失的后果。它假设投资可无限次地进行，而且没有上下限。

$$f^* = (bp-q)/b$$

其中，

f^* 为现有资金进行下次投资的比例；

b 为投资可得的赔率（盈亏比）；

p 为获胜率；

q 为落败率，即 $1-p$。

如果我们判断这次进场会有30%的获胜率（p=0.3，q=0.7），而盈亏比是3（b=3），则每次开仓使用的资金的比例应该为：

$$f^*=（3×0.3-0.7）/3≈6.7\%$$

但如果盈亏比是2.5，则：

$$f^*=（2.5×0.3-0.7）/2.5=2\%$$

通过这样的计算，投资者可以在每一次进场时都使用安全的仓位，这样即使行情走向和预判的方向相反，也不会对投资者构成严重的伤害。

请仔细领悟一下凯利公式，在这个公式里获胜率和盈亏比都是十分重要的参数。随着实践经验的丰富，你自然会对自己交易的胜率形成清醒的认识，而根据从特定形态推导出来的走势深度和止损点又可以计算出盈亏比，在高胜率和高盈亏比的情形下，我们可以使用较大的仓位进场。对普通投资者而言，在一般情况下，采用本书介绍的交易系统推荐的标准建仓单位即可。

对新手来说，通过获取胜率和盈亏比的取值来计算建仓量可以说是一项几乎不可能完成的任务。所以，本书在介绍嵌套理论交易系统时，已经根据值得交易的形态的入场点计算出了合适的仓位，读者直接采用即可。新手在水平逐渐提高后，可以逐步总结出自己对行情预判的成功率和盈亏比，然后再根据自己的水平修正每一次的建仓仓位。

6.3.2 值得交易的形态

为了提高交易的风报比，我们应该熟悉那些风报比较高的 K 线图的形态，并且耐心地等待机会的到来。这不仅是嵌套理论交易思想中低频交易的体现，也是嵌套理论交易系统里非常重要的一个环节。低频交易除了可以减少大量的交易手续费，还能够提高胜率，所以我们在实战交易中应该用大量的时间来等待，直至出现值得交易的形态。

1. 顶底突破

所谓顶底突破，是指一个趋势运行到行情末端，在震荡中止后又被确认为趋势终止，然后以突破的形式形成了一个新的趋势。很多技术分析类的书籍都花了大量的篇幅研究趋势的顶底突破，可见这是一个非常值得耐心等待的绝佳交易形态。

常见的顶部形态包括头肩顶、双重顶、三重顶、圆顶等，常见的底部形态包括双重底、三重底、圆弧底、V 形形态等，这些形态在其他一些书中被称为主要反转形态。限于篇幅，本书仅对其中的部分形态予以介绍。读者在技术分析水平提高到一定程度后，可以在自己的交易武器库中添加更多可以交易的形态。

标准的头肩顶出现的情形较少，在实践中比较容易出现的是多重顶。多重顶包括双重顶和三重顶。

如图 6-25 所示，玻璃加权指数在 2018 年 6 月至 2018 年 8 月的走势形成了一个多重顶，当期价向颈线以下突破时，这就是一个值得交易的形态。

图 6-26 所示是玻璃加权指数在 2015 年下半年形成的多重底形态。在走势突破底部震荡区间上部的压力线后，就是一个很好的进场时机。

图 6-27 所示是豆粕指数在 2018 年 10 月至 2019 年 8 月的走势。在 2019 年 5 月，豆粕指数已经走出了下降趋势，构成了趋势的终止，在底部形成了一个圆弧底，并且有比较明显的压力线。在 2019 年 5 月 9 日，期价突破

压力线，开始形成上涨趋势，此时就是一个可以交易的形态。

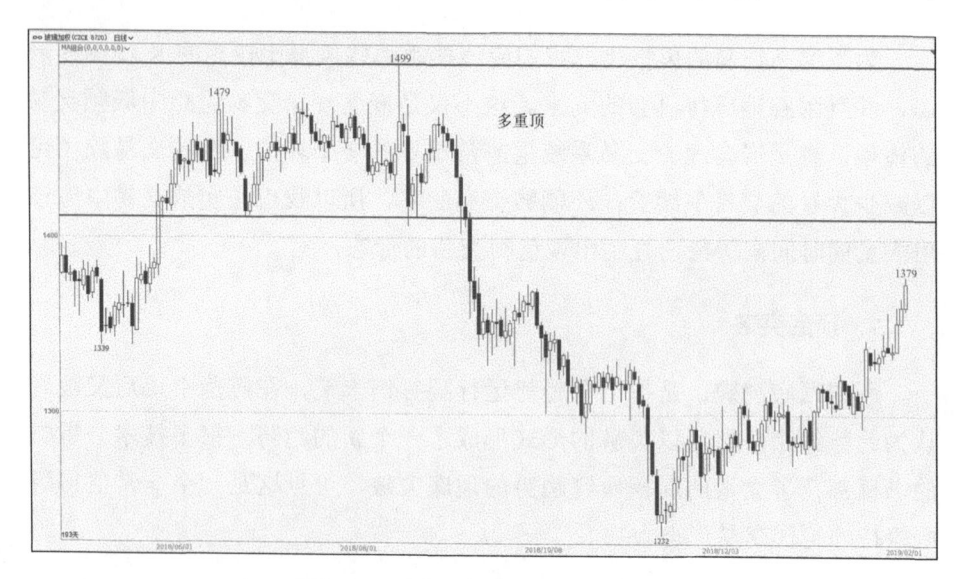

图 6-25　玻璃加权指数的多重顶形态

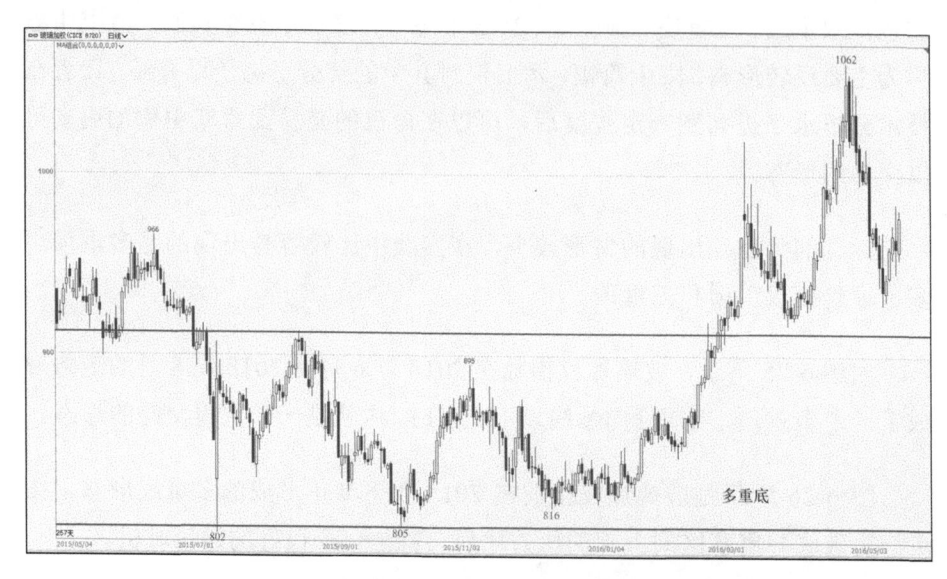

图 6-26　玻璃加权指数在 2015 年下半年形成的多重底形态

对股票交易而言，经过长期下跌，在底部形成持续时间比较长的震荡区间后，如果这个震荡区间被强有力的上涨突破（长阳、放大的成交量），并且能够经过进一步回踩确认，那么此时就是一个非常值得交易的形态。

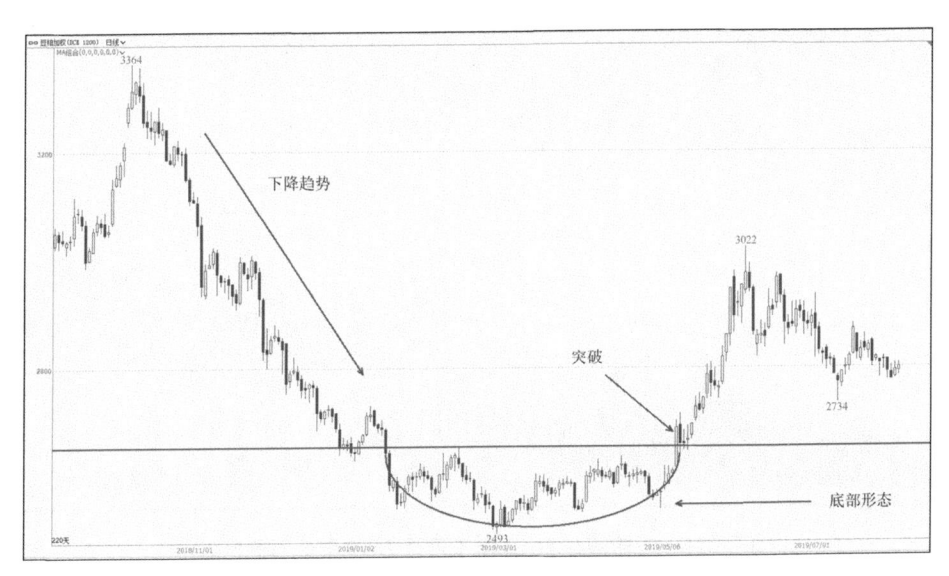

图 6-27　豆粕指数在 2018 年 10 月至 2019 年 8 月的走势

图 6-28 所示是五粮液在 2018 年 1 月至 2019 年 2 月的走势。从图 6-28 中可见，五粮液在形成 85.40 元/股的新高后，中期反弹只形成了次高 78.88 元/股，宣告上涨趋势终止，并进入了持续下跌的走势。之后五粮液在创出 39.58 元/股的腰斩股价后，经过两个月的盘整，形成了一个底部震荡区间。2019 年 1 月 15 日，伴随着成交量大幅上涨，股价上穿了下跌的 60 日移动平均线，但尚未完成对前高点的有效突破。2019 年 1 月 21 日股价以跳空的方式和巨大的成交量完成了有效的向上突破，随后几天又完成回踩确认，并且各均线开始呈现多头排列，形成了上涨趋势的雏形，这就是一个非常值得交易的底部突破形态，投资者完全可以建仓介入。五粮液随后的走势也证明了这一交易策略的正确性，如图 6-29 所示。

2. 横盘后的突破

趋势运行过程中嵌套的震荡形态有很多种，横盘只是其中的一种，但出现的概率非常高。而且一旦横盘被突破，会有较大的运行空间，所以横盘属于值得交易的形态。

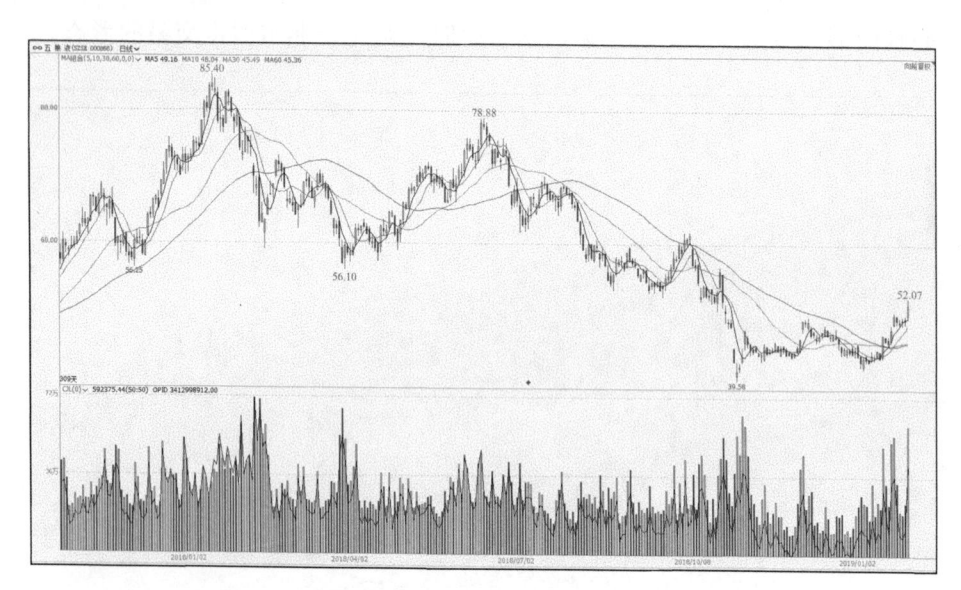

图 6-28 五粮液在 2018 年 1 月至 2019 年 2 月的走势

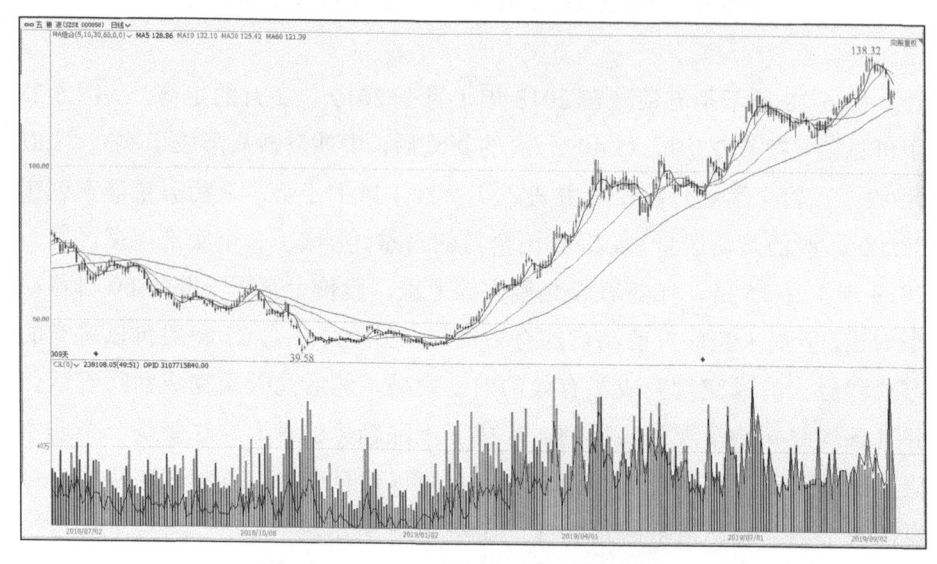

图 6-29 实现底部突破后的五粮液的走势

图 6-30 所示是香港恒生指数在下跌阶段形成的横盘。在横盘的支撑位

被有效击破后，行情就进入了新一轮的下跌趋势。

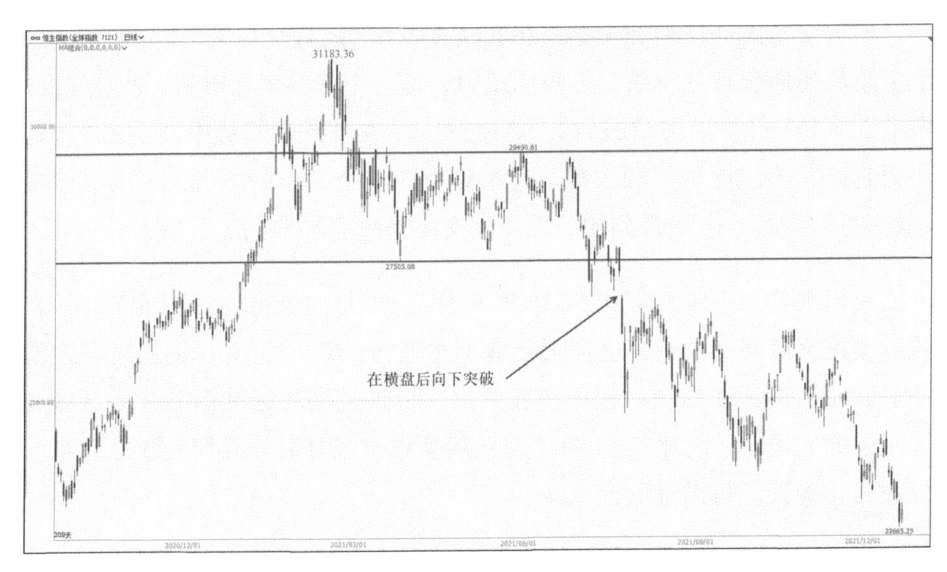

图 6-30　香港恒生指数在下跌阶段形成的横盘

图 6-31 所示是上海期货交易所橡胶加权指数的走势。当在上涨过程中的震荡横盘被突破时，就是一个值得介入的时机。

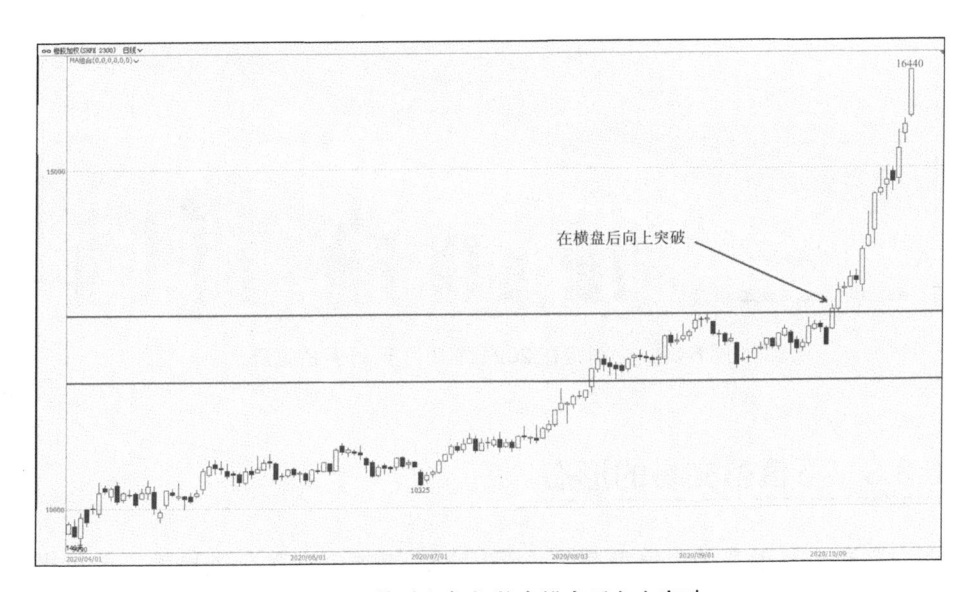

图 6-31　橡胶加权指数在横盘后向上突破

3. 回调后对原趋势确认

期货交易大师斯坦利·克罗在其经典著作《期货交易策略》中提出，上涨主趋势的回调点或下跌主趋势的反弹点是一个好的建仓时机。也就是说，在上涨主趋势中，当回调遇到支撑时应买入；在下跌主趋势中，当反弹遇到压力时应卖出。这种"顺大势、逆小势"的建仓法和亚历山大·埃尔德在《以交易为生》一书中提到的三重滤网交易系统有异曲同工之妙。

我们来看一下中青宝在 2021 年 9 月至 11 月的走势。如图 6-32 所示，该股票在突破底部的震荡区间后形成上涨趋势，在 9 月 16 日创出阶段性新高后开始回调。在回调过程中该股票出现价跌量缩的标准形态，并且形成了坚强的支撑位。因此在 11 月 1 日该股票跳空高开时，我们判断原趋势已经被回调确认，可以继续介入。

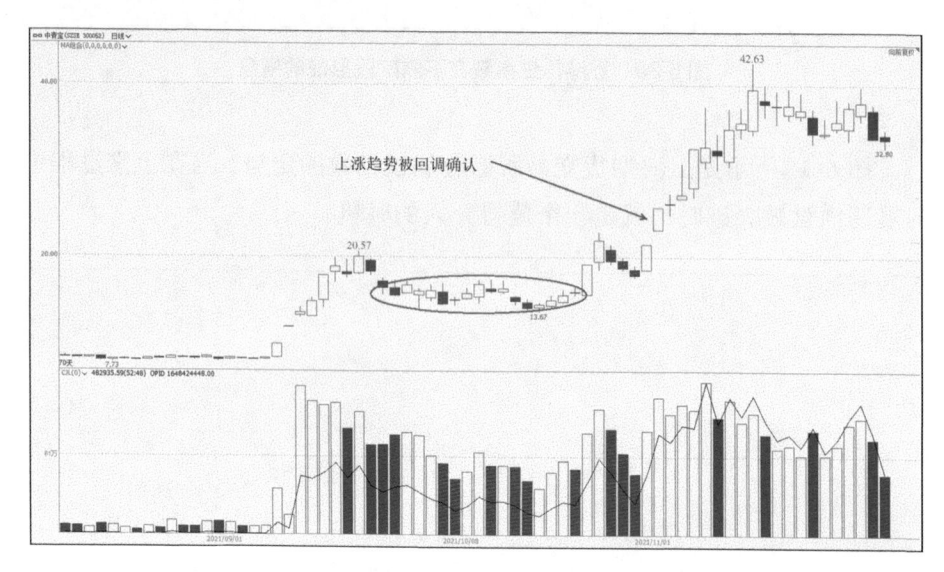

图 6-32　中青宝在 2021 年 9 月至 11 月的走势

6.3.3　不值得交易的形态

判断一个形态是否值得交易，我们最主要的标准就是风报比。在风报比的参数之一胜率难以确定的情况下，盈亏比就是我们要考虑的主要因素了。一些形态不值得交易，主要是因为这些形态的盈亏比和胜率过低，导致出现无法被我们接受的风报比。

1. 逆主趋势的交易

嵌套理论认为，除了趋势走势，其他走势都是震荡走势，可以按照震荡交易策略进行交易。但同样是震荡交易策略，仍然按照原有的趋势方向进行操作，胜率才更大。如果我们当时可选择的只能是逆原趋势操作，这就不是一个值得交易的形态，这在股票交易中尤其明显。比如，在长期下跌过程中，我们应该在什么时候进行抄底，就是一个无法回避的问题。我们还是以五粮液这个股票来举例说明。

图6-33所示是五粮液在2018年8月28日的K线图。现在让我们来分析一下，这个形态是否值得交易。

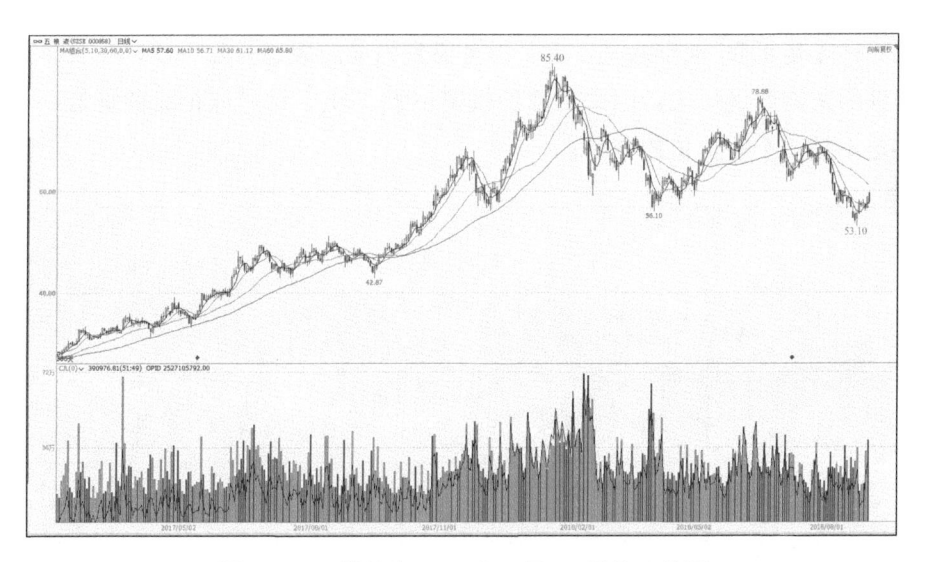

图6-33 五粮液在2018年8月28日的K线图

五粮液在经过一波上涨趋势后形成了85.40元/股的高点，随后趋势进入中止状态，股价在跌破60日均线后，确认这一轮上涨趋势终止。随后的反弹高度并没有超过85.40元/股的前高，确认了五粮液仍然处于下跌趋势中。在出现了53.10元/股的新低后又出现了几根阳线，这个时候我们是否可以进场呢？

根据嵌套理论，这个形态属于下跌趋势中的震荡状态，如果此时进场，应当按照震荡交易策略进行操作。但这时投资者要考虑几个问题：(1) 目前是下跌趋势中的反弹，不是上涨趋势中的回撤，由于股票只能做多（不考虑融券），采取震荡交易策略是逆大势的，这种情况要尽量避免。(2) 如果此时进场，盈亏比是多少？如果没有非常好的盈亏比，是不建议进场的。

图 6-34 所示是五粮液在 2018 年 2 月至 2018 年 8 月的走势，我们把前面的 K 线图放大来做进一步的分析。在当前的震荡区间内，支撑位是 53 元/股，压力位是 70 元/股，因此中位线是 61.5 元/股。2018 年 8 月 28 日收盘是 57.82 元/股，如果你在下一个交易日进场，假如在 58 元/股时入场，你的止损位至少要在 53 元/股以下 2 元左右，因此一旦止损，损失就是 7 元。而即使是比较理想的离场位，也不过在 68 元/股附近，利润是 10 元，这样的盈亏比才是 1.4，操作意义不大。再考虑到当前的大趋势是下跌，并且不是下跌的末期表现形式，因此上涨的概率小于 50%，这样风报比就更低，显然这不是一个有价值的交易。

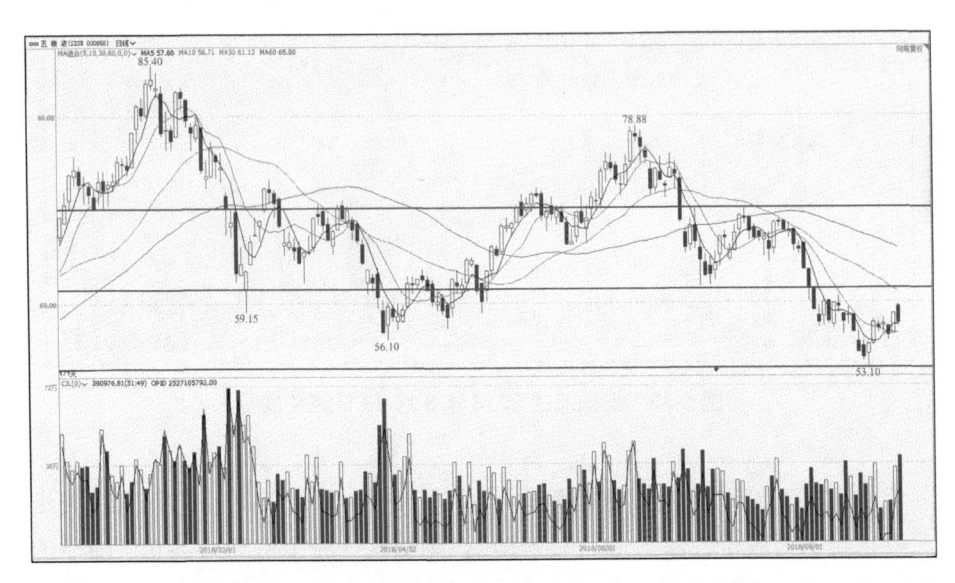

图 6-34　五粮液在 2018 年 2 月至 2018 年 8 月的走势

图 6-35 所示是五粮液在 2016 年 11 月至 2019 年 11 月的走势。直到 2019 年 1 月下旬，五粮液才完成底部形态的构筑，重新表现出了上涨趋势。因此，如果投资者在 2018 年 8 月底早早以 58 元/股的价格进场，并且不止损，就要忍受长达 4 个多月的套牢，浮亏达 30%以上（按最低价 39.58 元/股计算）。在这种心态影响下，一旦解套，投资者就会逃离，完全享受不到后面上涨的利润回报。但如果投资者能耐心等到 2019 年 1 月下旬五粮液出现了可以交易的形态时再入场，那么就是完全不同的状况了。

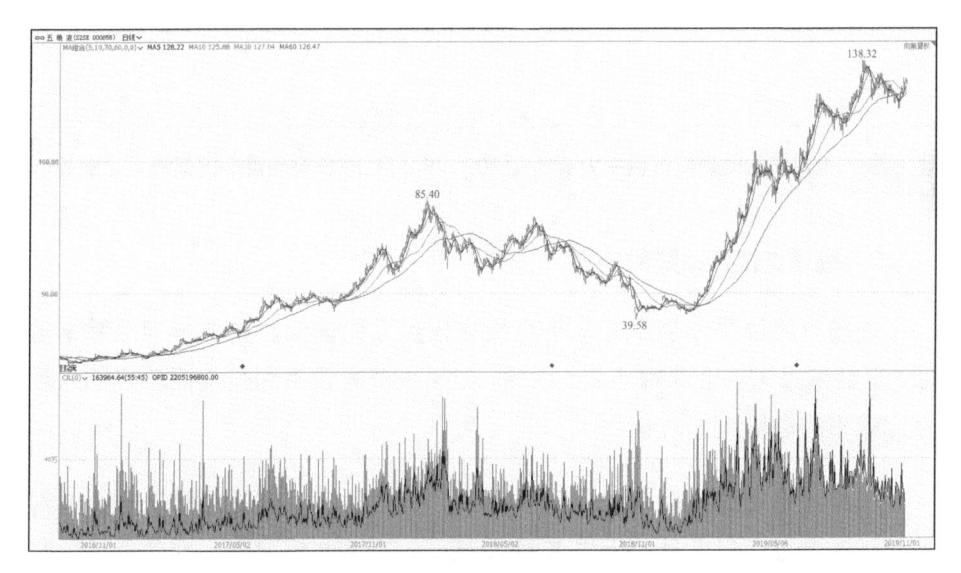

图 6-35　五粮液在 2016 年 11 月至 2019 年 11 月的走势

除了这种在震荡阶段的逆主趋势的交易不宜介入，直接迎头撞击猛烈趋势的逆势交易更是不值得操作，甚至可以说是禁忌！

如图 6-36 所示，上海期货交易所沪铜主力合约在 2021 年 2 月 10 日突破震荡区间的上沿，进入了上涨趋势，此时投资者只能顺势做多。如果投资者试图在上涨趋势中摸顶，只要没有摸到最高点，等待他的就只有死路一条。

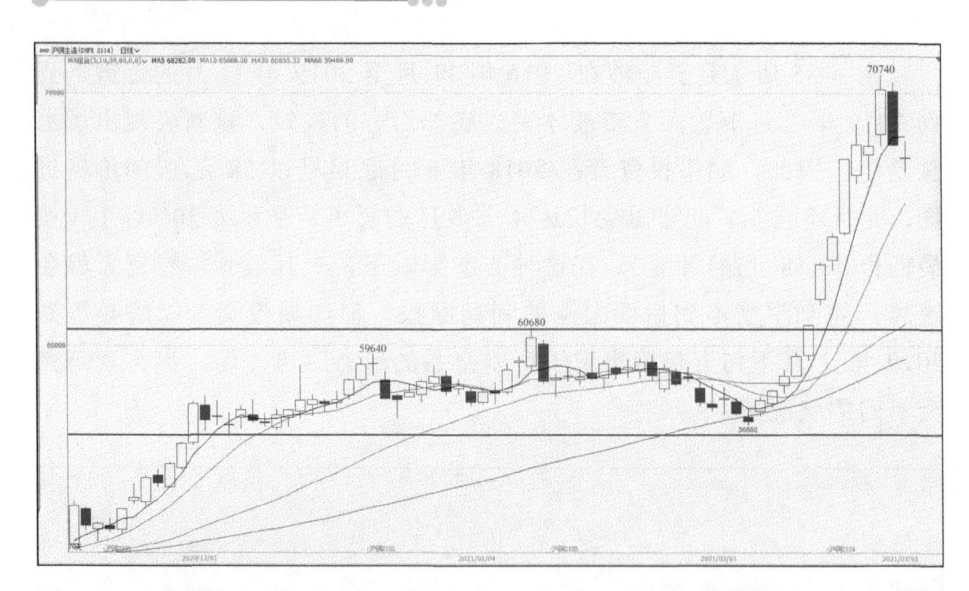

图 6-36　上海期货交易所沪铜主力合约在 2021 年 2 月 10 日突破震荡区间进入上涨趋势

2. 进场点位置不好的交易

进场点的位置如果不好，将直接导致盈亏比偏低，如果再加上胜率偏低，那么风报比就会非常难看。因此，如果投资者找不到盈亏比较好的入场点，就不能进场。

一个投资者交易胜率的高低取决于其交易经验，交易经验是一个主观性较强的参数。但大量的历史 K 线图显示，在某些情况下，即使行情向某一个方向运行的概率较高，你顺势去做，因为进场点位置不好，那也是在做一笔风报比偏低的交易，如乖离率过高的交易。

图 6-37 所示是郑州商品交易所动力煤 2301 合约在 2021 年 7 月至 2022 年 1 月的走势。当时因为基本面出现了全国性煤电紧张状况，动力煤价格开始快速上涨，但从交易的角度出发，虽然上涨趋势明显，但不是任何时候都是适合交易的。

从动力煤 2301 合约的走势来看，2021 年 9 月 2 日的价格突破震荡区间的上沿，并且此时均线组合排列整齐，这样的首次突破上涨是一个很好的进场点。9月22日,期价从5日均线开始上拉,防守位非常清晰(5日均线),这也是一个很好的进场点。10月12日,期价再次以跳空高开的方式上拉,这又是一个很好的入场点,但事不过三,从短期来看,这已经是最后一次入场机会了。随后几天,虽然期价仍然在不断拉高,但价格偏离5日均线越来越远,按照格兰维尔移动平均线交易法,这不是买入的形态,而是应当卖出的形态。因此,即使不考虑基本面国家政策干预的风险,单就形态来讲,也只能适时寻找机会来平仓多单兑现利润,而不应再加仓或者逆势摸顶了,因为谁也不知道风暴何时会到来。

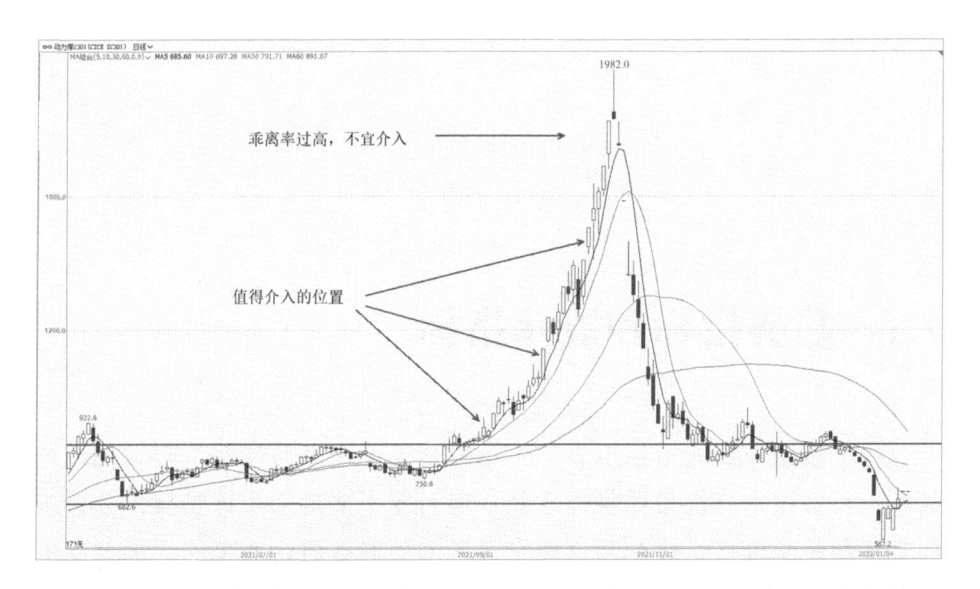

图 6-37　郑州商品交易所动力煤 2301 合约在 2021 年 7 月至 2022 年 1 月的走势

第 7 章
基本技术分析指南

7.1 趋势指标和震荡指标

用于技术分析的指标很多，不论打开哪一个交易软件，都有几十种甚至上百种技术分析指标供你选择，但万变不离其宗，这些技术分析指标几乎都是从价格、成交量这两个最基本的参数演化而来的。因此我们只要掌握价格、成交量这两个基本参数，就完全可以只选择最基本的技术分析指标。

经常做交易的投资者都听说过"做趋势的死在震荡里，做震荡的死在趋势里"这句话。很多著名的交易系统，如均线交易系统、海龟交易系统，经常会出现连续、反复的止损，甚至有时会成为交易的反指。为什么会出现这种情况？要回答这个问题，我们必须明白，技术分析常用的指标可以分为趋势指标和震荡指标两类，这两类指标应该分别在不同的走势形态中使用。因此在进行技术分析之前，我们首先要对行情的走势进行判断，只有弄清了走势的特点，才能选择正确的技术分析指标，否则就会南辕北辙。如果你在趋势走势中使用震荡指标，或者在震荡走势中使用趋势指标，都会带来悲剧性的后果。所以，我们在使用技术分析指标前，一定要先做走势分析。

趋势指标的主要作用是在行情是趋势走势时强化投资者的持仓信心。当行情是趋势走势时，只要趋势指标不坏，就可以按照趋势的方向继续持有仓位。

震荡指标的主要作用是在震荡走势时就行情的过冷或过热对投资者给予提示，这属于物极必反的指标。在震荡走势中，超卖时你就要买入，超买时你就要卖出。不过通常震荡指标的使用率比较低，因为形态本身已经给出大致的操作策略了，指标只是起到了一个提示的作用。

常见的趋势指标和震荡指标如表 7-1 所示。

表 7-1　常见的趋势指标和震荡指标

指标名称	类别	指标取值
移动平均线	趋势指标	收盘价
MACD	趋势指标	收盘价
KDJ 指标	震荡指标	收盘价和 N 日内的最高价、最低价
相对强弱指数（RSI）	震荡指标	收盘价

本章将对这些常见的趋势指标和震荡指标进行简单的介绍。

在此要提示本书读者的是，对于技术分析的讲解，约翰·墨菲所著的《金融市场技术分析》是目前公认的最佳读本，笔者从此书中受益匪浅。本章仅对最常见的技术分析指标进行入门级别的介绍，只是起到一个导读的作用，肯定存在挂一漏万的情况，所以希望读者去阅读约翰·墨菲的原著，必然会有显著的进步。

7.2 趋势指标

7.2.1 移动平均线

移动平均线是一个典型的趋势指标。当行情走势处于震荡状态时，不能将移动平均线作为操作依据。只有当移动平均线形成多头排列或者空头排列的状态时，才可以把移动平均线看成一个强大的趋势支持指标，即行情将会受到移动平均线的支撑（或压制），从而保持趋势的继续运行，直至行情终结。

1. 多头排列和空头排列

图 7-1 所示是典型的移动平均线的多头排列和空头排列。

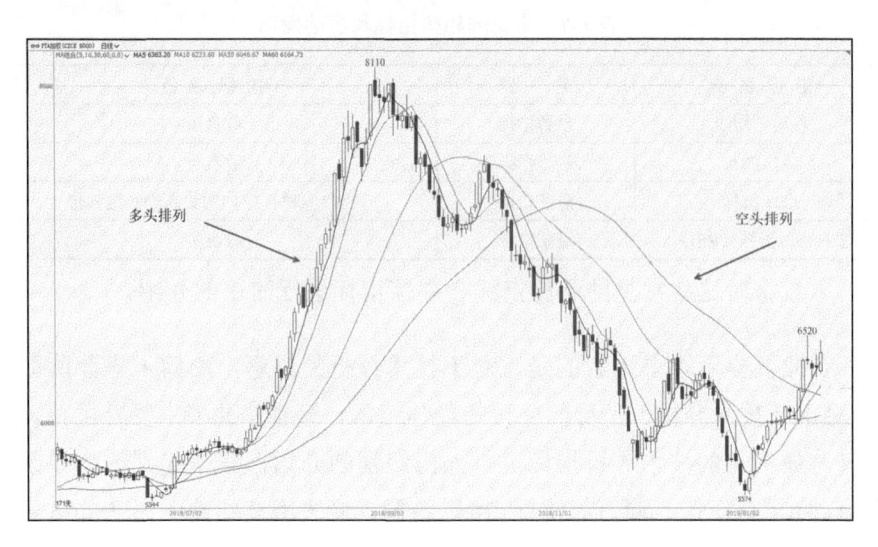

图 7-1 移动平均线的多头排列和空头排列

所谓多头排列，就是指日 K 线在上，以下依次是短期均线、中期均线、长期均线，这是典型的上涨趋势。

所谓空头排列，就是指日 K 线在下，以上依次是短期均线、中期均线、长期均线,这是典型的下跌趋势。

如果行情走势出现了多头排列或空头排列,我们此时一定要采取趋势交易策略。但如果均线发生交叉,或各周期均线排列不整齐,只能使用震荡交易策略,千万不能使用趋势交易策略。

2. 均线粘连

所谓均线粘连,是指价格的日 K 线、短期均线、中期均线、长期均线发生交叉,甚至在一段时间内互相缠绕的情形。在嵌套理论中,均线粘连属于震荡形态的表现,即趋势走势已经中止,进入了震荡走势阶段。随着时间的延续,走势会走出震荡形态,恢复原趋势走势或终止原趋势而逆转。

图 7-2 所示是贵州茅台在 2020 年 4 月至 2021 年 4 月的走势。从 2020 年 8 月起,该股票在大幅上涨后进入震荡阶段,从移动平均线来看,已经从多头排列进入了均线粘连。在 2022 年 12 月中旬以后,随着股价突破震荡区间,均线又重新形成了多头排列。

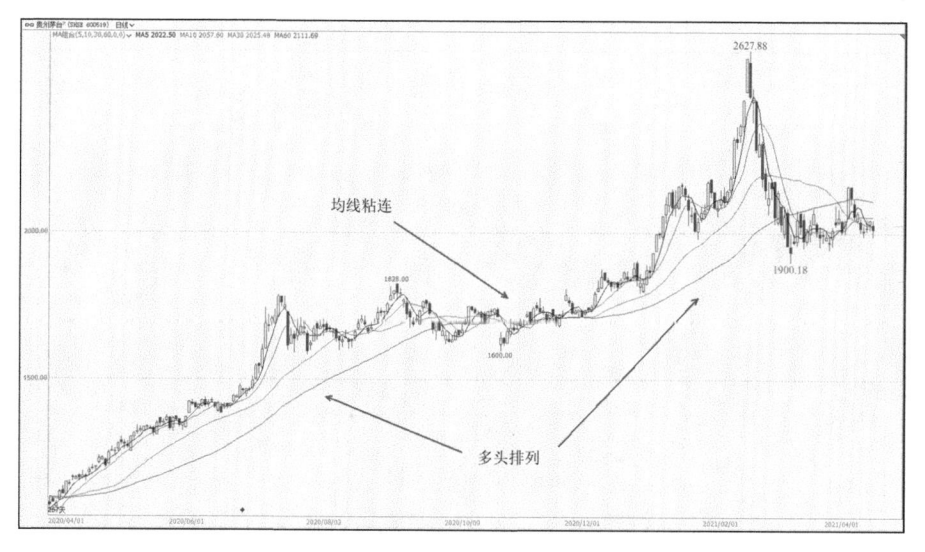

图 7-2 贵州茅台在 2020 年 4 月至 2021 年 4 月的走势

关于移动平均线在交易中的具体使用方法,本书第 11 章会有详细的介绍。

7.2.2 MACD

MACD，即指数平滑移动平均线，是由两条线（快线 DIFF 和慢线 DEA）及连续的一组红蓝柱组成的，其本质也是价格指标。这是一个使用率仅次于移动平均线的技术分析指标，它在周 K 线级别上的使用效果远远超过日 K 线级别，是一个比较有效的趋势指标。MACD 的实战价值通常表现在金叉和死叉、柱的倾斜、背离等几个方面。

1. 金叉和死叉

所谓金叉，是指快线上穿慢线，通常这是一个买入信号。但金叉位于零轴上和零轴下，其解读略有不同。出现在零轴下方的金叉，一般表示多方力量暂时占据上风，上涨行情还没有完全展开；当金叉出现在零轴上方或零轴附近时，则是比较明显的买入信号。

所谓死叉，是指快线下穿慢线，这个时候多方就要注意风险了。

MACD 的金叉和死叉如图 7-3 所示。

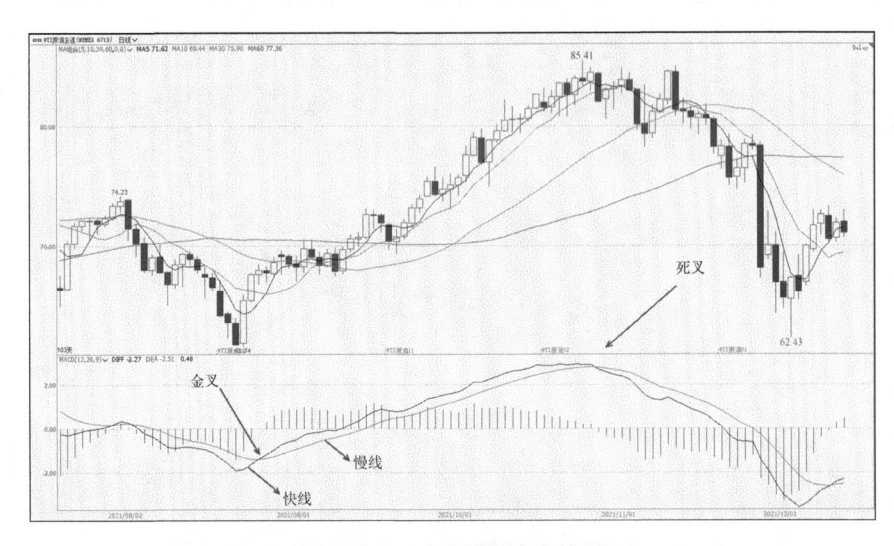

图 7-3 MACD 的金叉和死叉

当然，并不是简单地凭借金叉、死叉两个信号就能进行买卖，更多的时候我们还要结合走势的形态来选择正确的交易策略。

2. 柱的倾斜

MACD 柱能够比较直观地表现多空双方的力量对比，它不仅能显示多空双方何方占主导，而且能反映多空双方力量的增减变化。MACD 柱的倾斜如图 7-4 所示。MACD 柱的倾斜方向表明了主导市场的群体的力量的变化。向上倾斜的 MACD 柱表明多方势力逐渐增强，向下倾斜的 MACD 柱表明空方力量逐渐增强。

当 MACD 柱的倾斜方向与价格走势同向时，趋势很安全；当 MACD 柱的倾斜方向与价格走势反向时，趋势的状态就值得怀疑了。最好沿着 MACD 柱的倾斜方向来操作，因为它表明多空双方谁在主导市场。

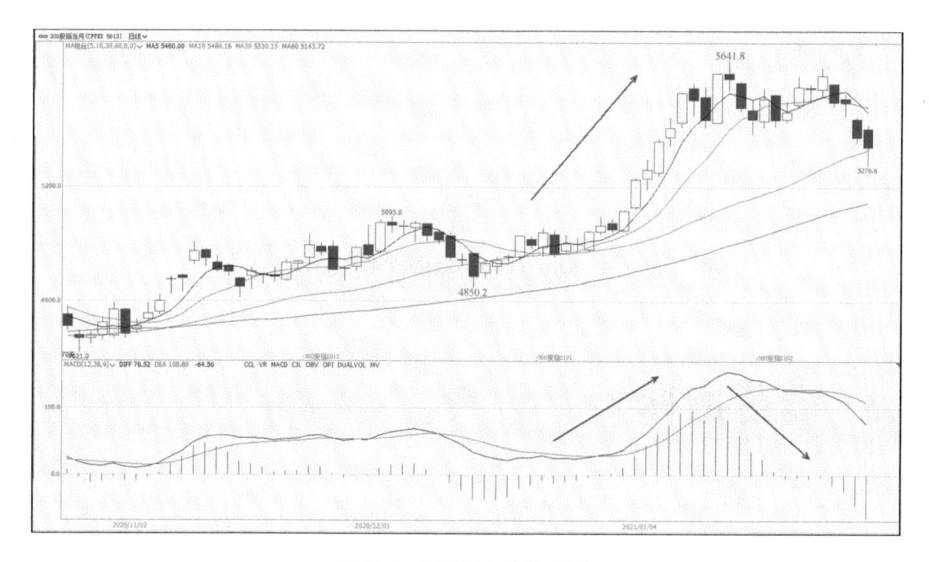

图 7-4　MACD 柱的倾斜

3. 背离

所谓背离，是指当价格创出新高或新低时，MACD 柱并没有相应地创出新高或新低。

背离分为顶背离和底背离。当行情出现背离时，多方和空方都应提高警惕。但一般而言，首次出现的背离导致的后果并不严重，如果背离再次出现，那么基本上就是极其强烈的离场信号了。

如图 7-5 所示，当出现第一次比较大的背离时，上涨趋势仅仅进入了一个时间比较长的震荡阶段；当出现第二次比较大的背离时，上涨趋势由中止转为了终止。

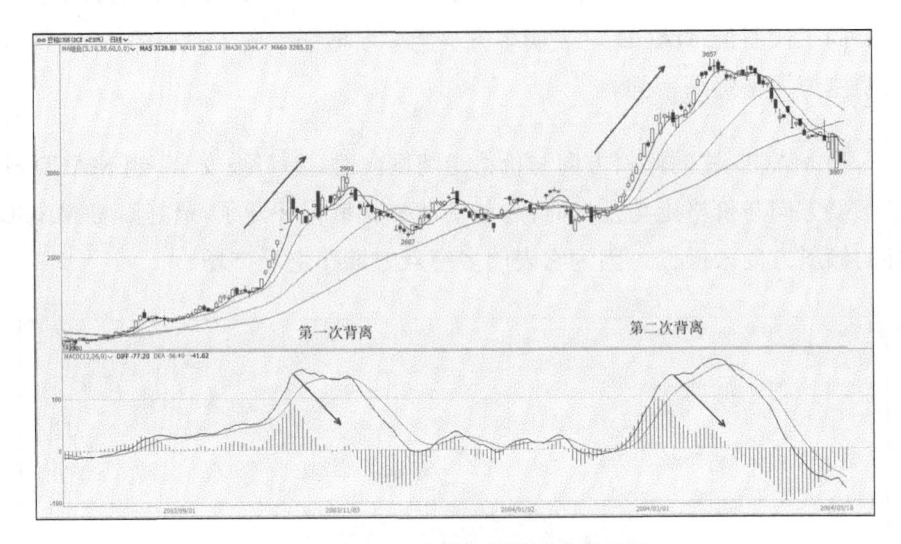

图 7-5　MACD 走势和价格走势的背离

7.3 震荡指标

7.3.1 KDJ 指标

KDJ 指标又称随机指标，由乔治·莱恩（George Lane）首创，它在原来的 KD 指标只判断股票的超买超卖的基础上，融合了移动平均线在速度上的表现，形成比较准确的买卖信号。在实践中，将 K 线与 D 线配合 J 线组成 KDJ 指标来使用。

KDJ 指标的计算比较复杂，本书不再进行讲解，有兴趣的读者可以自行在其他技术分析读物中寻找答案，本书仅对 KDJ 指标的应用做一个简单的介绍。

KDJ 指标一般不单独使用，往往作为其他指标的参考和其他指标一起使用。

一般在震荡走势时可以使用 KDJ 指标。KDJ 图一般分三个部分：80 轴以上是超买区域，20 轴以下是超卖区域，20 轴～80 轴是震荡区域。在超买区域要注意回落，在超卖区域要注意反弹风险。

但实际上当 KDJ 指标超过 80 轴并一直处于超买状态时，行情仍然可能一直上涨不回落；当 KDJ 指标低于 20 轴并一直处于超卖状态时，行情也仍然可能一直下跌不反弹。那么超买、超卖的意义究竟在哪里呢？笔者认为，KDJ 指标的主要意义在于提醒投资者，当 KDJ 指标进入超买区域时，就尽量不要追多了；当 KDJ 指标进入超卖区域时，就尽量不要去追空，这在实际操作中是非常具有参考价值的。

图 7-6 所示是上海期货交易所黄金加权指数的走势与 KDJ 指标。我们可以看到，当 KDJ 指标进入超买区域时，价格就有回落的可能；当 KDJ 指标进入超卖区域时，价格就有上涨的可能。

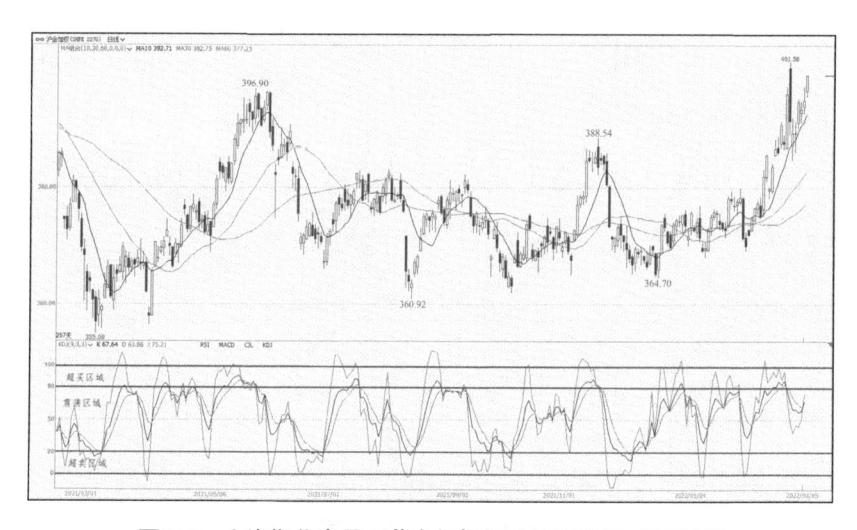

图 7-6　上海期货交易所黄金加权指数的走势与 KDJ 指标

7.3.2 相对强弱指数（RSI）

RSI 是由 Wells Wider 于 1978 年创制的一种通过观察特定时期内股价的变动情况计算市场买卖力量对比、判断股票价格的高低、推测价格未来的变动方向的技术指标。

和 KDJ 指标类似，RSI 也分为超买区域和超卖区域。

当 RSI 在 50 以上时表示市场强势；当 RSI 上升到 80 时，表示市场已有超买现象；如果 RSI 继续上升，超过 90 以上，则表示价格已到严重超买的警戒区，并形成头部，极可能在短期内反转。

当 RSI 在 50 以下时，表示市场处于弱势；当 RSI 下降到 20 时，表示市场已有超卖现象；如果 RSI 继续下降到 10 以下，则表示价格已到严重超卖的警戒区，并形成底部，极可能在短期内反转。

图 7-7 所示是上海期货交易所黄金加权指数的走势与 RSI，时间跨度和图 7-6 相同。我们可以看到，在短期内 RSI 进入超买区域时，价格就有回落的可能；在短期内 RSI 进入超卖区域时，价格就有上涨的可能。

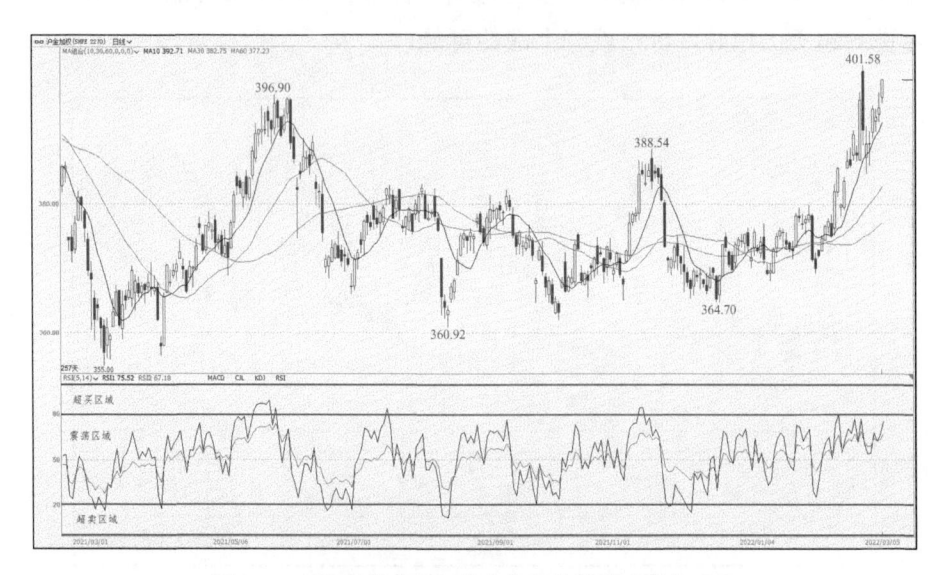

图 7-7 上海期货交易所黄金加权指数的走势与 RSI

图 7-8 所示是贵州茅台在 2019 年 3 月至 2022 年 3 月的走势与 RSI。从中我们可以看到,当 RSI 进入超买区域时,往往是短期的顶部;当 RSI 进入超卖区域时,往往是短期的底部。

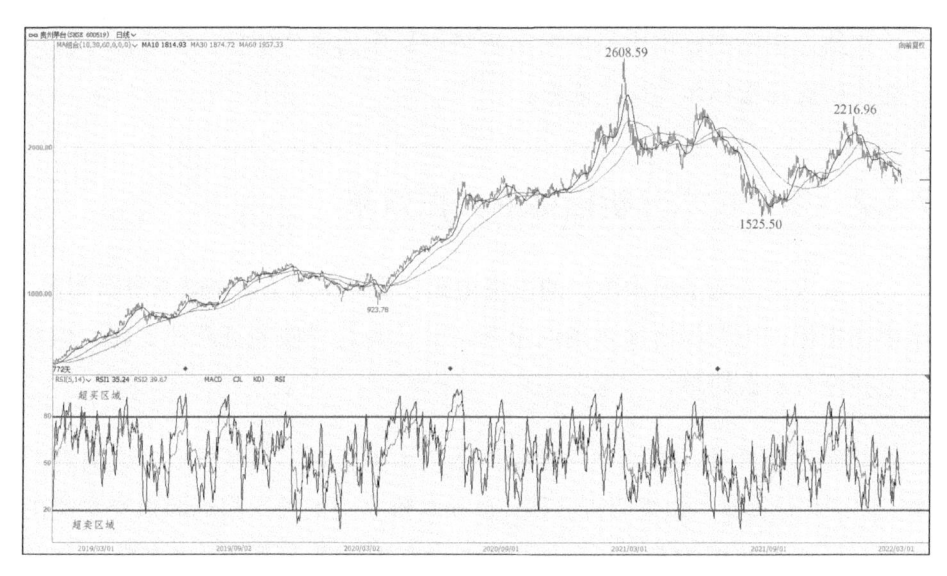

图 7-8　贵州茅台在 2019 年 3 月至 2022 年 3 月的走势与 RSI

7.4　技术分析指标的局限

7.4.1　如何选择技术分析指标

技术分析不是一门科学,它只是一代代市场参与者根据自己的交易实践总结、提炼出来的经验法则。

为什么很多人说"做趋势的会死在震荡里,做震荡的会死在趋势里"?为什么很多著名的均线交易系统经常会成为反指呢?这都涉及技术分析指标的选择问题。

在 7.1 节中,笔者将技术分析指标分成了两类:趋势指标和震荡指标。

这种分类的意义在于，我们应该根据行情的类型和所处的不同位置，选择不同类型的指标。如果我们所使用的技术分析指标和行情的类型不一致，那么结果一定会适得其反。

总结：在趋势行情中只能使用趋势指标作为操作依据；在震荡行情中只能使用震荡指标作为操作依据。

7.4.2 多个技术分析指标的共振效果

很多投资者为了追求更好的投资效果，同时使用了多个技术分析指标，希望在指标产生共振时才进场或出场，并认为这样做的可靠性更高，但实际上并没有那么简单。

前面已经讲过，技术分析指标虽然多达上百种，但其核心参数只有两个：价格和成交量。如果要讲共振，必须是价格类的技术指标和成交量类的技术指标产生共振才有效果，如果你选择的技术指标都是价格类的（如移动平均线、布林线、KDJ 指标等），它们全部都是由收盘价通过一系列公式计算所得，本来就应该产生共振。所以，你只要熟练掌握同类中一种技术分析指标即可，其他的技术分析指标只是来确认你的分析结果的，而不是来产生交易上的共振效果的。

只有由不同参数所组成的技术分析指标，如价格类的技术分析指标和成交量类的技术分析指标，同时产生了交易信号，才是有交易价值的共振。

以 MV 指标（又称为平均成交量）为例，成交量是指个股或大盘的成交总手，MV 指标是成交量类指标中最简单、最常用的指标，它由成交量柱线和两条简单的平均线组成。成交量柱线的高度表示当日当时的成交总手。两条简单的平均线分别代表 5 天、10 天的平均成交量。成交量柱线用红柱和绿柱表示：如果当天收盘价高于或等于前一交易日收盘价，成交柱呈红色；如果当天收盘价低于前一交易日收盘价，成交柱呈绿色。

量价关系是指成交量和价格同步或背离的关系。成交量可以上涨、下跌和持平，价格可以上升、下降和持平，成交量的每一个状态可以与价格的三种变化形态相匹配，进而形成量和价的九种对应关系。

嵌套理论交易系统非常关注值得交易的形态。比如，当股票价格构筑成底部突破形态时，这就是一个值得交易的形态。如果同时伴随着成交量的暴涨，这就构成了价涨量增的共振，此时就完全可以进场了。

量价的配合如图 7-9 所示。

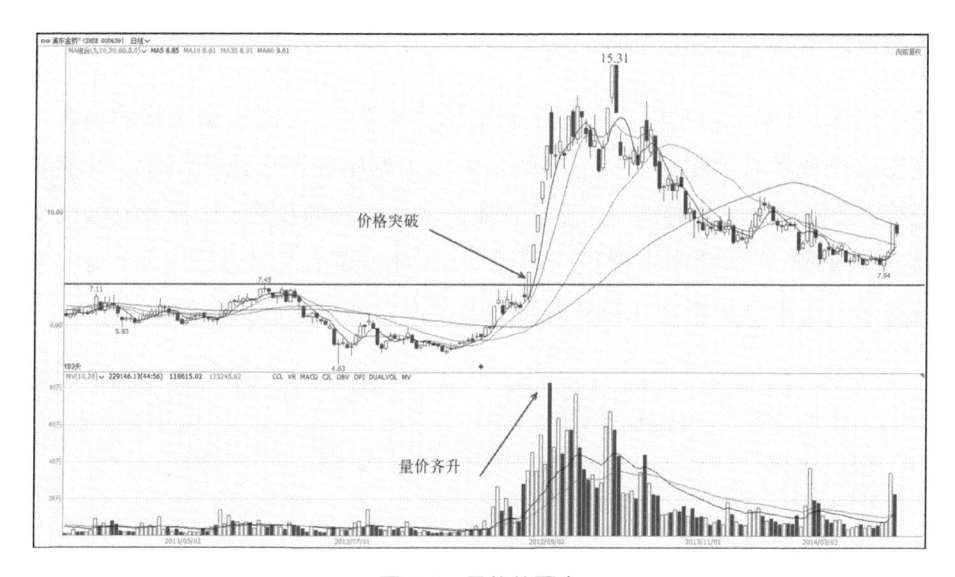

图 7-9　量价的配合

量价关系极其复杂，如同样的"价跌量缩"，在走势的不同阶段有不同的解读。嵌套理论为简洁起见，更注重价格类的技术分析指标。对于成交量类的技术分析指标，有兴趣的读者可以自行去参阅相关著作。

7.4.3　主观进场，客观离场

技术分析是经验法则，它是根据已经产生的数据对现在的走势给出一个确定的判断结果，不是对未来行情的预测。有人认为技术分析具有预测功能，那也是根据经验，在技术分析给出某种指标后，推测会大概率出现某种结果，这是主观分析的结果。投资者根据本书介绍的嵌套理论交易系统，选定交易品种，等待合适的建仓时机进场，这也是一个主观判断的过程，本身带有一定的不确定性，是投资者根据测算的风报比，觉得这是一笔有价值的交易才进场的。

但是在投资者进场后，如果技术分析给出了与其进场时相反的结果，比如投资者按照趋势交易策略进场做多，但现在技术分析结果显示走势已经形成了趋势中止，甚至趋势逆转，那这就是一个确定性的结果，投资者必须按照这个结果的提示离场。

记住，技术分析的结果不是预测市场的结果，而是对市场现状的确认，这要求投资者必须根据当前的市场条件做出判断并严格执行纪律。既然是纪律，只要出现了某种情况，投资者就要做出相应的反应，这样才能保证交易的一致性，在大概率上保证交易胜率。因此投资者必须做到主观进场、客观离场。技术分析不是让投资者赚钱的，而是给投资者保命的。

第3篇 系统篇

第8章 嵌套理论的交易理念

8.1 为什么要建立交易系统

很多投资者总喜欢说自己做的是趋势交易，但实际上趋势交易并不是那么容易做的，他们往往在震荡行情中通过摸顶、抄底赚了一点小钱，但在趋势交易的追涨杀跌中亏了大钱。有句笑话"辛辛苦苦在熊市里赚的钱，却在牛市里亏光了"，说的就是这种现象。这个问题出在哪里？

交易大师斯坦利·克罗在其著作《期货交易策略》中指出，交易哲学的核心思想"辨别市场的重大持续趋势，顺势交易"几乎是所有投资行为的关键，并且认为"趋势是你的朋友"。斯坦利·克罗的这种观点是不容置疑的，但又该如何去理解和应用这句话呢？下面几个问题是需要投资者们仔细思考的。

（1）趋势交易是否意味着长期持有头寸？

不论是投资股票还是期货，在一个趋势形成后，你是不是要将头寸一直长期持有，直到趋势终止？

（2）买入（建仓）的时机是什么？

在行情形成趋势后就买入，还是在趋势的回调过程中买入？如果在一开始就错过了最佳进场时机应该怎么办？应该怎么进行追击？在追击买入时被套了又该怎么办？

（3）应该买入多少头寸？

是在行情形成初期重仓买入，还是先试探性买入，再逐步加仓？加仓的方式是什么？很多投资者没有解决好这些问题，在趋势的初期使用小仓位赚了些钱，然后再加大仓位，最后却因为行情的逆转而亏损。

（4）何时离场？

俗话说"会买的是徒弟，会卖的才是师傅"，那么投资者手里的头寸应该在什么时候进行处理？是在行情发生调整时卖掉，还是在行情延续过程中先入袋为安，或者在趋势终止时才离场？

这些问题如果不能很好地解决，那么在涨幅巨大、影响深远的趋势行情中，即使你做对了方向，也是赚不到钱的，甚至还会亏损。

而嵌套理论交易系统则回答了这些问题。

第8章 嵌套理论的交易理念

交易系统是指由相互关联的交易规则构成的一套完整的交易体系，而不仅仅是单纯地根据某个技术分析指标给出的信号来进行买卖的方法。交易系统一般由行情判断子系统、资金管理子系统、风险管理子系统等组成。但笔者认为，系统的操作者本身也应当是交易系统的一部分，操作者能否克服自身的人性弱点是这个交易系统能否成功运转的重要条件之一。

作为普通投资者，最常见的交易方式就是随机交易，即自己根本没有任何成熟、稳定的交易系统，只是跟随着行情的波动，凭自己的直觉进行交易。追涨杀跌的有之，抄底摸顶的有之，浅尝辄止的有之，满仓豪赌的亦有之。总之，每一次的交易都是随机的，不存在前后交易的一致性。这样的投资者至少要占一半以上，在新手和散户中的比例更高。

一个最差的交易系统也胜过没有交易系统，但执行一个交易系统最关键的要素是一致性和纪律性。很多人都说自己有交易系统，但他们往往没有把这种交易系统的内容落实到书面上，更不会在每一次交易中都贯彻执行，所以执行起来就没有一致性，这样也就等于没有交易系统。

还有很多投资者盲目崇拜程序化交易，希望由电脑来代替自己做出每一个必要的决策，并全自动完成整个交易过程。程序化交易确实可以让投资者更容易保持交易策略的一致性，因为系统的一整套法则已经明确而严格地限定了每一个操作细节，交易技巧与投资者的主观判断此时已不起作用。但笔者并不赞同普通投资者使用这样的程序化交易，主要是因为这种程序化交易的模型往往不具备通用性，普通投资者根本没有能力对此进行修正；或者他们只能够建立一种比较简单的模型，即使这种模型的模拟效果尚可，在实战中也不奏效。

另外有一点可能很多人都没有注意到，绝大多数程序化交易模型只在趋势行情中会有较好的表现，但行情在更多的时候却是震荡的，投资者必须选择一个合适的时机来打开模型，否则在更多的时间里模型只会让投资者不断地止损、止损、止损，从而让其信心崩溃。

所以要想通过使用程序化交易获得成功，一个非常重要的因素是投资者要知道在何时打开程序化交易的"开关"。这个世界上根本就没有一个可以全自动稳定盈利的交易程序。试想一下，如果真有这样的"圣杯"，开发商为什么不自己用来交易赚钱而是要拿出来出售呢？虽然各种程序化交易系统有的简单、有的复杂，并且还会附设优化指标和资金管理规则，但人类大脑的思维活动更复杂、缜密，计算机程序可以帮助人们进行判断，却并不能代替人的判断。另外，市场总是在变化的，从而使得程序化交易的效果呈现不稳定性，海龟交易法则就是一个典型的例子。海龟交易法则在刚被公布的时候，运行效果非常显著，但随着使用的人多了，效果就变得非常差，开始遭人弃用。随着使用人数的减少，海龟交易法则的效果又明显起来。所以说，好的交易系统是存在的，但必须由人来判断，并对它们进行监控和调整。

嵌套理论试图为投资者建立一个低风险的股票、期货交易系统，这个交易系统完整地涵盖了资金管理、建仓、止损、平仓等内容。从总体上来说，这不是一个自动化的量化交易系统，而是一个需要先经过投资者的主观分析，然后再进行决策的交易系统。具体地说，该交易系统是以投资者的主观判断为进场依据、以客观标准为出场依据的交易系统。这样既保留了交易系统客观标准的统一性，又有更多的自主灵活性，但这对投资者的技术分析能力和执行力有一定的要求。笔者希望读者能够全面领会嵌套理论的精神，并尽可能地提高自己的技术分析水平，这样才能更好地发挥这个交易系统的作用。

为什么笔者明知本书的读者并非投资高手，但还是提供了一个需要在主观判断后才能执行的交易系统呢？笔者认为，一个好的交易系统一定不能是一个"黑匣子"，你不能指望从"黑匣子"的一端输入资金，然后从"黑匣子"的另一端就得到利润。最好的交易系统是能让投资者理解且适合投资者个性的交易系统。笔者在本书第 2 篇中对嵌套理论交易系统可能涉及的技术分析的基础知识进行了初步的介绍，同时在第 4 篇中将嵌套理论和其他一些主流的交易方法进行了比较，就是为了让大家能够更好地理解本交易系统，并且有信心去执行它。

事实上，在投资之前花大量的精力去建立一个交易系统是非常重要的事情（当然，更重要的是你要信任这个交易系统并坚定地执行它），只有这样，你在以后的交易过程中才不会迷失方向。本交易系统虽然需要你进行一定的主观分析，但切记，主观分析绝不是你随意操作的理由，主宰你操作的仍然是规则。这要求你要按这一交易系统事先设定的仓位来进行建仓、平仓等操作。所谓主观分析，仅仅是让你判断现在行情处于什么走势、要选择什么品种、是否可以进场、进场选择哪种交易策略。一旦进场，就不要再有任何主观臆断的想法，而是要完全根据系统事先确定的要求执行。交易系统的意义不在于针对这个不确定的金融市场给出确定的获利方案，而在于它能使我们在不确定的市场中确定地进行交易。

8.2 嵌套理论的交易理念

什么是交易理念？交易理念是一个很理论化的概念，它由投资者的心理动机、哲学理念及技术水平所构成，是投资者进行交易的全部思想的总纲。投资者在对市场进行认知的过程中产生了交易理念，继而在交易理念的基础上又产生了交易策略，最后在交易策略的基础上产生实质性的交易。投资理念因人而异，成功的投资理念也不是完全相同的，但对普罗大众而言，还是有规律可循的。

笔者在数十年的交易实践和阅读了大量的投资经典著作的基础上，归纳总结出以下交易理念。这些交易理念贯穿了整个嵌套理论的应用过程，也是构成嵌套理论交易系统的基础。

8.2.1 不要预测市场，而要追随市场

很多投资者认为只要能够成功预测市场的走势，就能够通过交易获利。

但理想是美好的，现实是残酷的，虽然你有可能靠碰运气预测对一次市场的走势而赚钱，但如果你一直按照这样的理念去交易，迟早会碰个头破血流。不论是股票市场还是期货市场，走势都是随机的，即使前面 K 线图的走势是一模一样的，后面的走势也可能天差地别。投资大师巴菲特和彼得·林奇都认为市场是无法预测的，这个世界上没有任何一种赚钱的方法和理论是建立在预测市场的基础上的。

那么可能有人会问："技术分析难道不就是用来预测市场的吗？我学会了技术分析，不就可以通过预测行情的走势来赚钱了吗？"笔者在本书第 6 章中已经就这个问题给出了回答，技术分析不具有预测市场的作用，它是对市场运行状态的判断，它的作用在于帮助投资者截断亏损。

那么嵌套理论又是如何在不预测市场走势的情形下进行交易的呢？嵌套理论交易依靠的是对目前已经形成的行情走势的判断，而不是对未来走势的预测。比如，你在对目前的行情走势进行判断后，认为已经形成了上涨的趋势，那么你唯一的选择就是跟随这个市场，选择上涨趋势交易策略。至于上涨趋势交易策略该如何实施，本书后几章会进行详细的论述。如果你通过分析认为上涨趋势已经终止，那么你就应把手里的多头头寸全部清仓离场，而不能再抱有任何幻想。

图 8-1 所示是哔哩哔哩在 2020 年 1 月至 2021 年 9 月的走势，该股票前期势如破竹的上涨趋势吸引了很多投资者入场。但在 2021 年 3 月，该股票的走势出现了上涨趋势形态被破坏、头肩顶颈线被击破等多个上涨趋势终止的信号，此时投资者根本不用去预测市场未来会怎么演变，所要做的事情就是把手里所有的多头仓位全部清仓。

深刻理解"不要预测市场，而要追随市场"的观点非常重要。

第 8 章　嵌套理论的交易理念

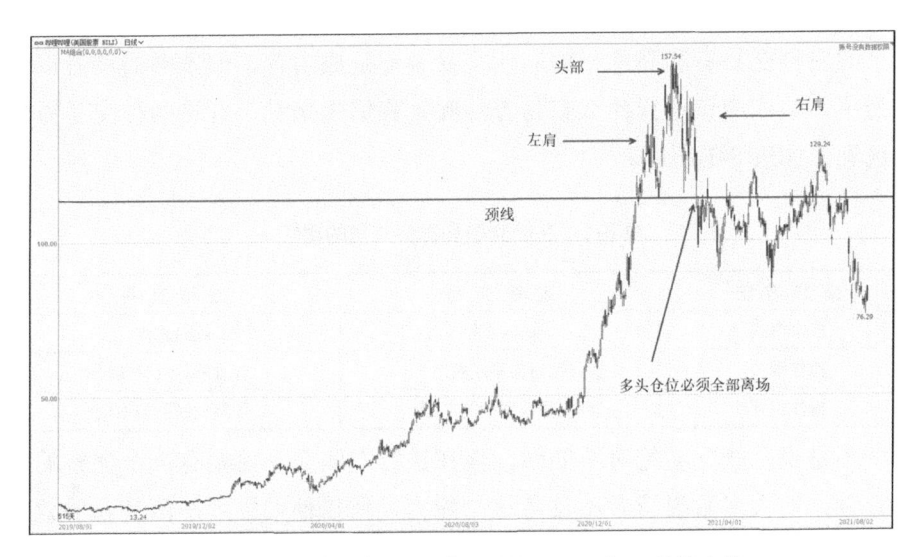

图 8-1　哔哩哔哩在 2020 年 1 月至 2021 年 9 月的走势

8.2.2　要顺势交易

在谈这个问题之前，先和大家聊聊左侧交易和右侧交易。

以图 8-2 中的最高点、最低点为标准，如果投资者在最高点的左侧卖出，在最低点的左侧买入，则是左侧交易；如果投资者在最高点的右侧卖出，在最低点的右侧买入，则是右侧交易。很显然，左侧交易是逆势交易，右侧交易是顺势交易。

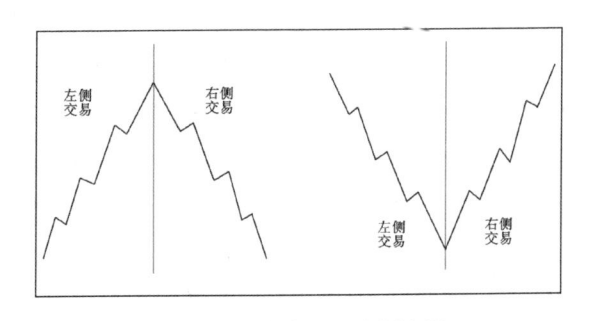

图 8-2　左侧交易和右侧交易

是左侧交易好还是右侧交易好？这是一个有争议的问题，应该说，高水平的左侧交易者和高水平的右侧交易者都是成功者。但本书的读者以新手为主，他们应该选择什么交易方法呢？我们先来看一看这两种交易方法的区别，如表8-1所示。

表8-1 左侧交易和右侧交易的比较

交易方法	左侧交易	右侧交易
思维方式	逆向思维	正向思维
操作模式	提前买进或卖出	转势后买进或卖出
操作位置	顶部或底部的左侧	顶部或底部的右侧

不是说左侧交易绝对不能做，但在进行左侧交易前要有一个完整的交易计划，而大多数投资者不具备这个能力，所以他们进行左侧交易的效果是非常差的。抄底、摸顶的做法属于左侧交易，在不断上涨的行情中卖出，或在不断下跌的行情中买入，这些都是逆势交易。

我们进行投资交易，获取利润才是主要的目的，但从心理学角度来说，在决定是否获利的因素中，技术面和基本面都是次要的，人的心态和性格才是主要的。为什么很多投资者喜欢逆势交易呢？原因有三个：第一，在趋势形成之后，往往行情已经走了一大段了，他们不愿意比别人赚得少；第二，当大家的看法一致的时候，他们要显得卓尔不群才行；第三，逆势赚的一点钱，哪怕只有顺势赚的十分之一，给他们带来的心理上的满足感和成就感却是无可比拟的。

根据嵌套理论的要求，投资者必须追随市场，顺势交易。把这个观念落实到交易的实战中去，就是不要抄底、不要摸顶，特别是不要反复加仓抄底、加仓摸顶。很多投资者喜欢抄底、摸顶，这是一个非常不好的习惯，这也是人性贪婪的表现，即总是想抓住全部的行情，想在行情的底部或顶部进行战略性建仓，但是这样做往往会让自己输在抄底或摸顶上，并错过之后的大行情。

如图8-3所示，在2015年股市大崩盘的行情中，其实有很多投资者在上证指数涨到5100点左右时就已经离场了，获得了丰厚的收益，但他们在上证指数跌到4400多点时认为底部已经到了，于是再度重仓杀入，以为赚了700点，结果行情继续下跌，把他们套在了3000点，损失了1400点。

第 8 章 嵌套理论的交易理念

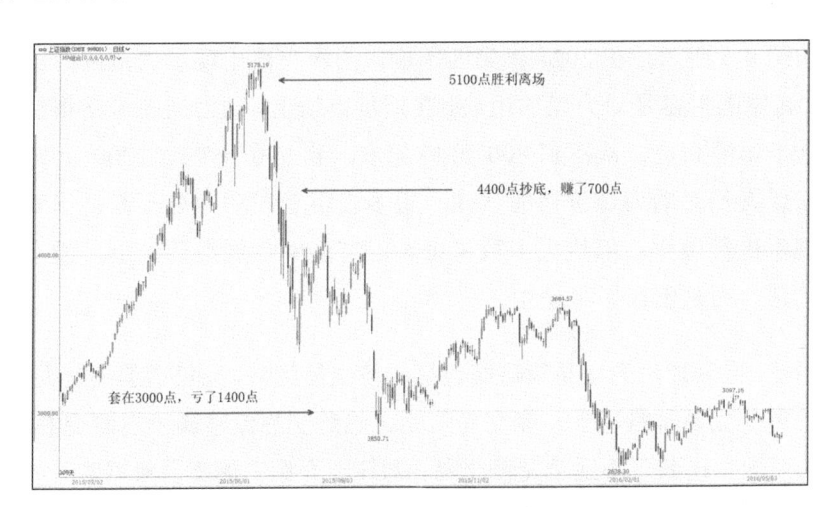

这种逆势操作的损失远远超过了最初的顶部暴跌幅度。

图 8-3　2015 年股市暴跌时抄底的结果

图 8-4 所示是在美国上市的中概股拼多多的下跌走势。由于拼多多的商业模式逐步被投资者认同，股价从最初的不到 20 元/股涨到 200 元/股以上，涨了十倍都不止。因此当拼多多的股价下跌时，就有投资者开始不断抄底，并且每下跌一次就加仓抄底一次，但拼多多最终的走势表明，所有加仓抄底的投资者都将颗粒无收。

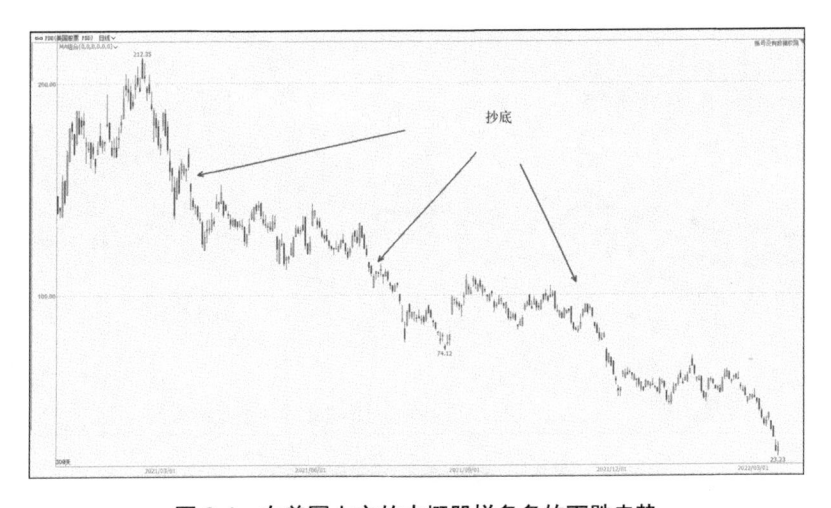

图 8-4　在美国上市的中概股拼多多的下跌走势

抄底的下场可悲，摸顶的下场一样可悲。

如图8-5所示，在2021年第四季度，国内突然出现了大范围的电力紧缺，究其原因主要是动力煤的短缺。在期货市场上，动力煤的价格很快就突破了上半年的高点，从不到800元/吨起步，到900元/吨、1000元/吨……不断刷新人们对动力煤价格的认知。很多投资者在动力煤不断创出新高点的过程中进行做空，但绝大多数投资者没有能够熬到最后一刻，没有摸到真正的顶，而是倒在了半途中。

当然，嵌套理论的交易策略既包括趋势交易策略，又包括震荡交易策略。其中，震荡交易策略属于左侧交易策略，趋势交易策略属于右侧交易策略。为什么明明知道新手不适合左侧交易，却还要介绍左侧交易策略呢？不要忘了，笔者前面说了，好的交易策略要符合人性，既然左侧交易策略是大多数人喜爱的交易策略，那么为了尽量减少风险，就有必要给大家介绍左侧交易策略是如何操作的。更何况，嵌套理论本身就包含震荡和趋势这两个密不可分的部分。如果现在是震荡走势，我们要进行交易，必然要追随市场而采用震荡交易策略。但不论如何，大家都要牢记，顺势交易才是主流。

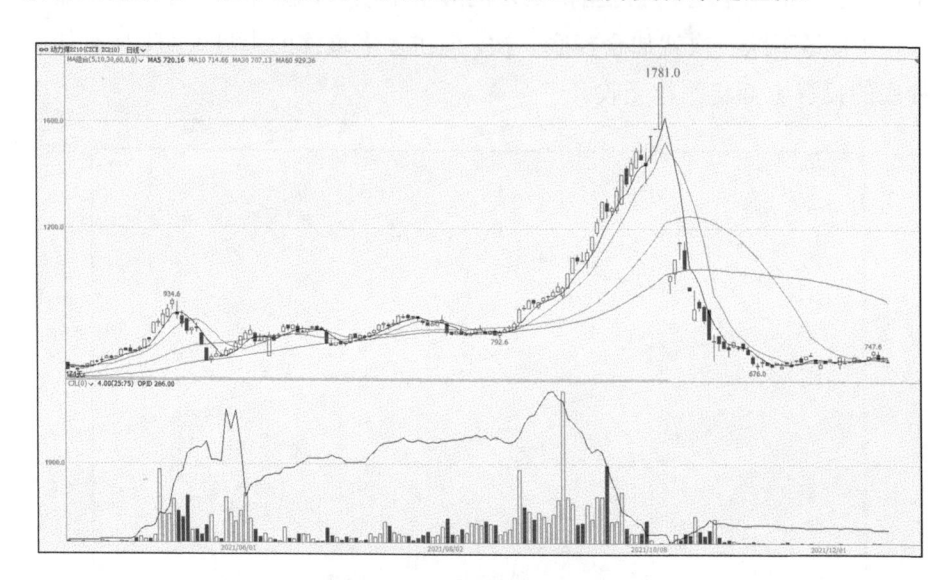

图8-5 动力煤不断创出新高点

8.2.3　要低频交易

用技术分析来判断目前股市、期货行情的多空走势，并以此来选择正确的交易策略，这是做交易的主要手段。每当市场上出现较大的趋势行情时，它一定会引起所有人的关注，并成为热门的交易对象。但值得交易的大趋势很稀缺，在绝大多数的时间内，行情处在反复震荡中。难道投资者就只能眼睁睁地在电脑前干等吗？对某些投资者来说这无疑是一种时间的浪费和精神的煎熬。久而久之，他们发现，K线图在10分钟、5分钟，甚至1分钟这样短周期内的形态和长周期的形态有着同样的变化规律，同样存在着大量值得交易的形态，如共振、背离、双底、双顶、颈线突破等。试想，股票市场和期货市场上有那么多个品种可以选择，一天只要有一次机会，那么岂不是交易机会多多，天天有事做吗？账户里的金额天天都在涨,等发现大的趋势时再持有不动，那么大鱼小鱼就能一网打尽，岂不美哉？

喜欢做交易的人最惧怕的是没有交易机会和漫长的等待，但是频繁交易并不一定会带来交易成功。频繁交易在新手刚入市时是一个常见的误区，真正的高手都是能够承受等待、耐得住寂寞的，但这往往是他们在多年实践后才认识到的道理。频繁交易给新手和资深的投资者带来的害处都很大，正因为如此，投资者必须按照一定的习惯和规矩来避免频繁交易。

频繁交易对投资者来讲百害而无一利，其危害至少体现在以下三个方面。

（1）增加了交易成本。尽管单笔买卖的成本不算高，但只要踏进交易这道门，你就是一个持续的买家或者卖家。所以，我们在计算交易成本的时候，不能只算一笔账，而要把所有的账都加起来算。如果你是一个频繁交易者，这个成本就会非常高。买卖次数越多，对交易所做的贡献就越大，而你自己的交易成本也会因此大大提高。

笔者因工作关系，处理过很多投资者因交易亏损而发起的投诉，其中有相当一部分的投诉资料显示，单纯就交易的买卖差价而言投资者是赚钱的，但其交易的手续费却远远超过交易盈利的部分，因此总体上就产生了巨额亏损。

（2）提高了犯错的概率。投资是一项赢输不对称的博弈，如果你一开始亏损 50%，后面要赚 100%才能回本。既然赢输是不对称的，那么频繁交易带来的危害就十分可怕。交易越频繁，出错的可能性就越大。投资比的是胜率，而不是频率。就算每一笔买卖输赢的概率和赚钱的比率都相等，假定各为 50%，输一单也要赢更多单才能补回来。道理就是这么简单，买卖次数越多，出错的概率就越高。

另外，行情的走势都是随机的，时间周期越短，随机性越强。周 K 线级别、日 K 线级别的形态稳定性要远远大于小时级别、分钟级别的形态稳定性，那些看似值得交易的形态，在分钟级别往往就变得脆弱无比。因此，你按照嵌套理论的要求去等待那些值得交易的形态，在实质上是毫无意义的。

（3）干扰了投资者的大局观。频繁买卖需要花费大量的精力，你要盯住盘面的每一个波动，这会使你的时间和精力大大分散，而无暇去思考大的方向。简单地说，频繁交易只着眼于眼前，必然会忽视长远。

从另一个方面讲，频繁交易的得失也会影响投资者的情绪，而情绪的好坏，会直接影响投资者对大势的判断。当市场很弱时，你做成了一单，因为赚钱了，你的情绪好起来，结果弱势在你眼中就可能变成强势；当市场很强时，你做亏了一单，因为输了钱，你的情绪变坏了，结果强势在你眼中就可能变成了弱势。频繁交易的结果必然是有得有失，而这种得失，将左右投资者的情绪，带着情绪看市场，投资者就会成为"趋势的色盲"。

投资者为什么容易频繁交易呢？斯坦利·克罗在《期货交易策略》中给出了答案：过分沉浸在输的恐惧中，导致投资者过度交易，不是所建仓位太大，就是进场过于频繁。

为了解决频繁交易的问题，请读者一定要有耐心，在交易系统出现交易信号时再进场。耐心和纪律是必要的素质，因为懂得和能够准确运用进出时机的投资者，即使投入的本金不多，也能因此积累巨大的利润。在本书

第 6 章中笔者提出了一些值得交易的形态，这些交易形态其实就是低频交易思想的体现。如果没有好的机会，就等待！

8.2.4 要做好资金管理

不论是股票交易还是期货交易，都有无数的成功者，这正是交易的魅力所在。你是否希望自己也能够像他们一样在这个市场中获取巨大的收益呢？但现实是残酷的，幸存者偏差决定了你只能看到市场中凤毛麟角的成功者，而占大比例的失败者却被视而不见了。你扪心自问，自己究竟会和谁同行呢？

在一个真实的交易市场里，如钢贸市场，贸易商要进货、压库、寻找客户、运输、办理银行贷款、雇佣员工、支付租金、纳税，他们要耗费这么多的精力，承担这么多的成本，有多少收益呢？企业的经营也是如此，我国中小企业的平均寿命在 3 年左右，成立 3 年后的小微企业能持续正常经营的仅占 1/3[①]。而你在根本没有系统性地学习过交易知识的情况下，只要用鼠标轻轻点击就能进行股票、期货交易，凭什么你就应该赚大钱呢？想通这一点，你是否能够熄灭妄想暴利的心头之火呢？

细水长流的安全交易才是在市场上能够生存下来，并最终获取丰厚收益的唯一方法。要做到这一点，请仔细体会下面的要求。

（1）决不要去借钱（包括不要使用信用卡）来进行交易，一定要使用自己的闲钱。

做交易的一个原则是只能使用自己的闲钱，只能使用自己流动资产的一部分。如果要从事比股票交易杠杆大得多的期货交易，就更要坚持这一原则。为什么呢？

---

① 该数据和表述来源于中国人民银行官网。

期货交易由于使用了差不多10倍的杠杆，所以在极端情况下，一天就有可能亏损本金的50%以上。想想看，如果亏掉的钱是你向亲戚朋友借来的或刷信用卡取现来的，你如何去归还这些借款呢？去借更多的钱再来赌一把？如果再亏了呢？你的人生之路还怎么走下去？未想胜，先想败，一定要在入场前考虑好你能承受的最坏结果是什么。

即使你用的是自己的钱，也一定要用闲钱。这些钱不能是用于还房贷、教育、医疗、养老的存款，只能是你闲置的钱。因为市场行情多变，你入场以后，可能会出现暂时小的浮亏，按照交易系统，你完全可以安全地坚守，但如果出于某种原因，你马上要使用这笔钱，那么账面上的浮亏就因为你必须平仓而变成真实的亏损。如此几番，将严重打击你的交易信心，从而使你退出这个市场。

（2）使用安全的交易仓位，让资金以大击小。

很多人进行期货操作，其实是看中了期货的保证金制度，希望通过期货的高杠杆作用，用较少的资金博取高额的利润，做股票也是满仓操作加融资，甚至还参与违法的场外配资。确实，满仓操作在运气很好时，能在短短的几天内让你的本金翻倍，这多么诱人啊！但是你也要知道，盈亏同源，一旦你方向做反，资金清零也是同样地快。高杠杆同时也放大了你的贪婪和恐惧，你是否有足够好的心态来应对这种状况呢？笔者认为，交易最终是人性的体现，交易说到底是心态的较量，只有在安全的仓位下，你才会有良好的心态。所谓的良好心态根本不是什么神秘的东西，而是由你的仓位来决定的。你如果选择轻仓，必然会对价格的波动表现得轻松自如；你如果选择重仓，自然就会患得患失。只有选择轻仓你才会没有压力，也只有选择轻仓才能保证你完全按照交易系统进行操作而不会导致技术变形。同时，选择轻仓也能够使你经得起行情的剧烈震荡，不至于在看对行情的情况下被清洗出局。

比如，绝大多数人都能够对经济形势和股票、大宗商品的中长期走势做出正确的判断，但为什么在交易中却赚不到钱，甚至还会造成巨大的亏损呢？这主要是因为他们进行了重仓操作，使得资金显得相对太少，在行情波动中没有回旋的余地，经不起行情的反复而被清洗出局，从而丢掉赚钱的机会，甚至亏钱。所以，我们除了要看准行情，更重要的是能够在剧烈波动的行情中守住行情，这才是交易最终的目的。因此，使用安全的交易仓位，用资金以大击小才是正确的方法。

什么是安全的交易仓位？本书在后面介绍仓位管理时会进行详细的介绍，这里先简单解释一下什么是资金的以大击小。

比如，期货市场中的螺纹钢合约，目前7500元左右就可以做1手，但如果你只有8000元就去做螺纹钢，只要行情反向走几十点，你就会因保证金不足而被期货公司强行平仓了。在你被平仓后，就算螺纹钢再重新朝你原来判断的方向走，行情再大也和你无关了。如果你用200 000元做1手螺纹钢呢？此时你的心理状态就和前者完全不一样了。即使行情暂时反向波动，但只要仍然符合你的交易系统的持仓条件，你就可以继续持仓，直到行情走向你的预判方向。同样是做1手螺纹钢，仅仅因为初始总资金不同，在面临同样的回调时，一个结果是被清除出局，另一个结果是仅仅浮亏不到1%的资金。即使两次使用的是同一个交易系统，结局也完全不同。很多人用7000元投资塑料，用50 000元投资铜，其实根本不用多看，就能知道他们的结局是什么了。

细水长流，通过多笔微小的盈利累积出较大的收益，而不是靠赌一把获得暴利，这才是在市场上长久生存的秘诀！

8.2.5 要做好仓位管理

仓位管理其实是资金管理的一部分，但是因为内容十分重要而被单独拿出来讲。

交易盈利的秘诀其实很简单，就是你必须不断地重复一个个正确的动作，并把它变成你的交易本能。什么才是正确的动作？嵌套理论交易系统最接地气的一点，就是把投资界那些心灵鸡汤般的语录化作一个个可以执行的动作，让投资者能够直接参照执行。因此本交易系统的难度不在于学习和领悟，而在于具体的执行。笔者先从对投资者来说最容易做到的（其实同时也是很多人最难做到的）仓位管理谈起。

为什么要将仓位管理放在交易策略的前面来讲？理由很简单，因为如果你不懂仓位管理，即使看对了方向、下对了单，也很有可能输在反向的波动中。不谈仓位管理的交易策略就是耍流氓。

1. 每次建仓的数量

由于期货交易本身自带了至少 10 倍的杠杆，因此期货交易每次建仓的仓位自然和股票不一样。对股票交易而言，每次建仓使用的资金不能超过投资者用于交易的资金的 10%，而期货交易，每次建仓只能使用投资者用于交易的资金的 3%～5%（我们可以把它称为一个建仓单位）。为什么要使用这么少的资金？其实这个是根据本书第 6 章介绍过的凯利公式，以及根据交易系统推荐的建仓形态，按比较保守的风报比计算出来的结果，这是一个比较安全的建仓量。为了让大家便于操作，我们直接给出了这个结果。因此，准备使用这个交易系统的人，首先要根据自己用于交易的资金总额，计算出每一次开仓所能使用的资金量及折合的品种手数。以期货交易为例，3%属于轻仓交易，5%属于重仓交易。比如，你有 20 万元，3%～5%是 6000～10 000 元，每次操作只能做 1～2 手的菜粕、玻璃或螺纹钢等。这些是你在交易前必须做好的功课。对股票而言，计算相对较为简单，你根据自己交易资金的 10%，看一下想要交易的股票的价格，就知道每次最多能建仓多少手了。

请读者立刻把根据你的资金总量计算出来的各品种每次交易的手数写在便利贴上，并贴到你的电脑显示器上，以便时刻提醒自己千万不要超仓操作。

2. 建仓的误区

很多人觉得每次只建仓一个单位似乎太少了，碰到大好行情会赚不了

第 8 章　嵌套理论的交易理念

多少钱。这种想法中存在几个误区。

（1）虽然你每次只建仓一个单位，但即使你现在是空仓，也只要建仓6～8次，就处于一个高仓位状态了。在正常的多品种操作的情况下，一般只要半个月到一个月的时间你就能达到这种仓位状态，然后在这种高仓位状态下滚动操作，资金的使用效率一点也不差。

（2）一个大的趋势行情总是一波接一波的。即使你只做一只股票，在第一波行情中只有 10% 的仓位，但当行情继续深入时，会不断出现新的建仓点，你的仓位就会逐步增加到 30%～50%，这个仓位已经不低了。根据嵌套理论，随着行情的不断深入，你会有一次又一次的加仓机会，这不论是在股票交易中还是在期货交易中都是屡见不鲜的。所以，只要这个品种有大行情，你手里的头寸就会越来越多。

（3）新手和亏钱的投资者不需要太在意投资的时间成本和机会成本，这只会让他们稳定地增加亏损，只有在稳定盈利后再考虑这个问题才有意义。记住，要先学会匀速跑，再去学加速跑，否则一定会摔个大跟头。当你已经能够稳定盈利时，自然就明白我说的道理了。

（4）嵌套理论交易系统是以低风险来换取比较稳定的低收益的。其实按照这样的仓位管理，哪怕你一个月只有 2% 的盈利，还不计复利，一年下来也有超过 20% 的收益，这个成绩甚至超过了很多投资大师的业绩。一般而言，如果严格执行本交易系统，在行情比较好的时候一个月的收益率为5%～10% 也是很正常的，即使没有大趋势，一个月达到 2% 的收益率也不是什么难事。如果想取得更高的收益，势必要加大仓位，这对还不具备稳定盈利能力的新手来说，风险将呈指数级上升，这是非常危险的一件事。所以，要做投资，就不要去赌博，新手一定要慢慢来。

（5）投资是一项高风险的活动，一年才 20% 的收益是不是不匹配？你觉得投资风险高，那是因为你把投资当成了一场赌博，完全随心所欲地去操作，这样自然风险就大。但嵌套理论交易系统是建立在低风险的基础上的，根据盈亏同源的道理，低收益也是跟低风险相匹配的。你不要把投资当成一个获取暴利的工具，也不要受某些高手的诱惑，一年20%的收益还不能让你满足吗？记住，你不要和股票、期货市场中的高手比，只和去年的自己比，和市场无风险收益率比，如果能够做到这一点，你就已经成功了。如果你想通了上面的几个问题，我相信你的投资水平会有一个质的提高。

综上所述，我认为一个稳健又有进取性的标准持仓是这样的：选择几个品种，在合适的时机每次建仓一个单位，分多次建仓到总仓位的60%以上。方向对了则逐步加仓，方向错了则止损。在第一单有了盈利以后逐步慢慢加仓或做新的品种，直至仓位到达半仓以上。此时你手里应该有一定数量的浮盈的单子了，已经形成了一个安全垫，完全能够抵抗一般的调整。

记住：轻仓、多品种（这里所说的多品种应尽量分布在不同的板块，而不要集中在同一板块）、趋势交易，这些才是对普通投资者来说能够长久生存在市场上的正确选择。其实，网上流传的那句做期货的必背语录——"回归供需和轻仓长线多品种宏观对冲"，正是嵌套理论交易系统的精华所在。

如果你做不到本书提到的仓位管理要求，就不要对投资再有任何幻想了，应迅速远离投资市场。

3. 建仓数量和止损点的关系

按照通常的观点，投资者在入场时要根据自己可承受的能力来决定建仓数量。比如，你想交易菜粕，现在的行情是震荡行情，你目前的入场价格离止损点有50点，你的可承受损失是2000元，那么你就只能开仓4手。但如果你的入场价格离止损点只有5点，你能开仓40手吗？我的观点是，如果40手占用你的仓位过高，还是不要开那么多。可以略微高出正常的建仓单位（因为你的入场位置比较精确），但也不宜过高。那种重仓低止损的做法虽然效率很高，却是投资交易的高级技术，对投资者的心理承受能力要求也高，不是新手能够掌握的，所以新手在初学阶段要尽量回避这种做法。只有当新手具备了足够的交易经验时，才能考虑重仓低止损的做法。

这种通过止损金额来倒推仓位配备的方法可以和按标准建仓单位建仓的方法相互对照，在实战中这两种情况应该是能够比较好地结合起来的。如果发现结合不好，那一定是你的入场位置不精确，止损空间太大了，这就不是一个好的入场时机。这时如果你用凯利公式来计算，就会发现要么是因为赔率太低，要么是因为风报比太低，导致 f^* 是负数而无法交易。

在这样的仓位管理下，大家可以看到，一旦形成了建仓机会，你完全可以大胆地介入，而不用担心会遭受重大的损失。这样的安全仓位，能够让你在出现交易信号时更有交易的信心。

不过当行情向纵深处猛烈地发展时，如果有人问我能不能追击某个品种，哪怕是面对再确定的行情，我都很难给出答案。因为我觉得问问题的人根本不会按我要求的仓位进行突破追击。如果我说可以追击，他要是重仓追击，一旦行情突然反转，那将给他带来极其重大的损失，这笔账该记在谁头上呢？

8.2.6 要坚决按规则止损

止损是一个技术问题，但更是一个执行问题。本书在讲解嵌套理论第三定律时讲了如何在技术上进行止损，这里要谈的是为什么投资者要具有坚定的执行力。

在谈为什么要止损之前，我们先看一下表 8-2 所示的内容。

表 8-2 亏损与回本的关系

亏损额度	回本比例
10%	11%
20%	25%
30%	43%
40%	67%
50%	100%
60%	150%

续表

亏 损 额 度	回 本 比 例
70%	233%
80%	400%
90%	900%
100%	清零

看明白了吗？如果你本金亏损了 10%，那么你需要把剩余的资金赚 11% 才能回本；如果你本金亏损了 50%，那么你需要把剩余的资金翻倍才能回本；如果你本金亏损了 90%，那么回本就几乎是一项不可能完成的任务了。在期货交易中，伴随着 10 倍以上的高杠杆，也许两天就能让你亏损 90% 以上，所以止损的重要性再怎么说也不为过。假如你交易的是股票，虽然每一个跌停板造成你的资金损失绝对额在逐步减少，但如果你不止损，把本金亏到只剩 10% 的可能性也不是不存在。

图 8-6 所示是乐视股份从 44.72 元/股的最高点跌到只有 0.17 元/股的过程。如果你在 40 元/股时进场，随后股价跌到 20 多元/股，才损失 50%；但如果你在 20 多元/股时抄底，直到跌到 2 元/股还不止损，那就失去了 90% 的资金；如果你在 2 元/股时抄底，那么到退市时，你同样损失了 90% 的资金。在股票市场上，能跌 90% 的股票是数不胜数的。

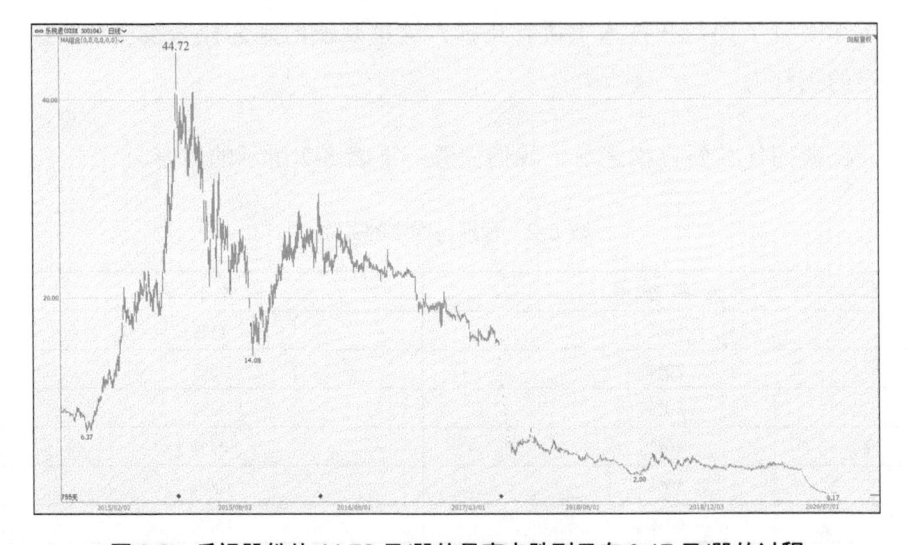

图 8-6　乐视股份从 44.72 元/股的最高点跌到只有 0.17 元/股的过程

第8章　嵌套理论的交易理念

但是很多投资者明明知道这个道理，却不愿意止损，这是一种什么样的心理呢？

第一是侥幸关。也许再等等行情就会恢复原来的方向，也许奇迹会出现……这几乎是对止损阻碍最大的思想。很多人不愿意止损，或者在止损问题上犹豫不定，就是有这种思想在作祟。其实，此时我们应该扪心自问一下："在现在这个价格，我们还愿意按照原来的方向建仓进场吗？"如果不愿意，那么我们就应该止损。

第二是羞辱关。万一止损后行情又回去了，这该多么羞辱啊！绝大多数不愿意止损的人都有这种心理在作怪。从行为经济学的角度来看，这种痛苦远远大于其赚同等的钱带来的兴奋。所以，投机市场是反人性的，从止损的心理来看就特别明显。为了避免这个心理误区，我们应该转变想法：止损是我们对自己过去犯的错误的了断，即使行情明天走势正常了，但那是另外一个问题，是另外一码事，它们是两个逻辑。

第三是误解关。典型的误解就是"利润是被频繁止损止完的"，这让很多本来就心存侥幸的人找到了借口。可是笔者见过有人因为不止损而破产的，却从来没有见过因为止损而破产的。笔者也见过很多会买而不会止损的人，最后竹篮打水一场空，从来没有见过善于止损的人最后赚不到钱。所以，如果解决了风险问题，利润将不请自来，止损就是来解决风险问题的。在笔者看来，止损如同兵法上的"先为不可胜，以待敌之可胜"，哪个常胜将军不是先保护自己不被击败然后再去击败敌人的？

第四是死扛关。我已经亏这么多了，再止损还有什么意义？说白了，这是麻木，是破罐子破摔，很多投资者持有的就是这种心态，在股票被套牢后就躺平，反正不平仓，损失就是纸面浮亏。但他们忘了，总有一天是要平仓的，那时浮亏就变成真正的亏损了。

第五是不在乎关。这和死扛关的情况恰恰相反，死扛关是亏得太多，这里是亏得还不够多。小亏看起来不要紧，但是很多大亏都是从小亏演变而来的，很多人不止损就是因为一开始是小亏，不屑于止损，后来变成大亏，就麻木了,死扛下去不去止损。

以上五个关口都是阻碍止损的"拦路虎",其核心就是投资者不敢直面自己的错误,希望以更大的"赌"来掩盖已经发生的错误,这是投资最忌讳的事情。做任何事情都有成本,止损也有成本,止损的成本就是万一止损错了怎么办。很多人不愿意止损就是不愿意为止损付出哪怕一丁点的成本,希望所有的东西都是免费的,所有的好处都想占尽。这怎么可能呢?很多人不去止损其实是害怕止损错误,而荒唐的是这种人对已经发生的错误不管不问,却担心未来还不一定就会是错误的止损。在实践中,止损是用来终止错误的最好手段。所以,即使止损错了,也顶多是少赚,而止损却可以永远地避免破产,后者才是投资者的安身立命之本。

笔者讲上面的内容只是希望投资者在应该止损的情况下坚决地止损,而不是让投资者胡乱地去止损。对于如何正确地止损,嵌套理论交易系统是有严格的技术规则的,希望大家能够认真领会嵌套理论第三定律的精神,并坚决执行之。

8.2.7 保持交易的一致性

交易最难的是什么?笔者认为最难的是保持交易的一致性。

保持交易的一致性并不是说投资者不能修改自己的交易计划,而是在交易规则已经确定的情况下,必须坚持执行交易纪律。

完全按照交易系统的信号进行操作,在进场后不需要夹杂任何自己主观的思想,就是这么简单的动作,95%以上的投资者却不能长期坚持做到。很多投资者即便有一个交易系统,也经受不住盘中的诱惑,随手下单,死扛亏损,这就是大多数人不能成功的最大原因。

落实到操作层面,保持交易的一致性包括两个方面:前后交易规则的一致性、交易纪律坚定执行的一致性。

前后交易规则的一致性主要是指要按照同一个交易系统进行操作，保持交易逻辑的一致性。比如，你不能根据均线交易系统进场，然后又按照箱体理论的规则出场。本来你使用的是一个日K线级别的交易系统，却突然又心血来潮地进行分时级别的交易，这些都有悖于一致性原则。

交易纪律坚定执行的一致性包括以下几个含义：不出现进场位置（入场信号）坚决不进场；进场后坚决按照既定方案止损和止盈。交易在本质上就是靠大概率来取胜的，所需要的就是你不断重复正确的交易动作，而这些交易动作都是由你事先经过反复研究并确认可行性的交易规则所决定的。比如，何时进场、何时出场、每次进场使用多少资金、建立多大的仓位，这些都是需要严格的交易纪律来保证的。如果不坚定地执行交易纪律，那么你事先所做的一切准备工作都毫无价值，你就从系统交易变成了随机交易。

保持交易的一致性，就是要求我们在不确定的市场中进行确定的交易。

8.3 嵌套理论交易系统的核心

8.3.1 嵌套理论交易系统的组成和核心

一个完整的交易系统应该囊括交易中的每一个环节，不会给投资者留下多余的主观思考的余地，这个交易系统要涵盖成功交易中的每一个必要决策。

嵌套理论交易系统主要包含以下部分。

行情判断：通过对行情的分析确定目前走势的状态。

交易策略选择：根据走势状态来决定采用何种交易策略。

时机抉择：包括什么时候进场和什么时候离场。

资金管理：买卖多少？仓位如何调整？

止损：什么时候放弃一个亏损的头寸？

本书第 3 章、第 4 章、第 6 章对嵌套理论交易系统关于行情判断的内容进行了介绍；对于交易策略如何执行，本书第 9 章、第 10 章进行了详细的论述；时机抉择的相关内容在第 6.3 节、第 9 章、第 10 章都有涉及；对于资金管理和止损的相关内容，本书第 5 章和第 8 章进行了论述。

总体而言，嵌套理论交易系统的核心就是：等待值得交易的形态，科学定义止损位，用仓位控制风险，拿住趋势单。整个交易系统都是围绕这个核心而展开的。大家需要注意的是，所谓拿住趋势单，并不是一路死扛，而是要根据本书提到的嵌套理论，针对行情所处的不同阶段，灵活运用加减仓，这样才能取得更大的收益。

趋势操作法之所以能赚大赔小，主要是因为在控制账户整体风险的基础上，做多品种，防止"黑天鹅事件"发生。方向如果做对了就加仓，如果做错了就止损，容忍一定幅度的回撤，等趋势反转后退出，这就是趋势操作的基本思路。对真正的趋势交易者来说，很多问题根本就不是一个问题，他们不必天天面临无数信息的折磨，他们的行动来自信心，这种信心来自对趋势本身的理解和对账户风险的整体控制。

8.3.2 使用嵌套理论交易系统的注意事项

特别提醒，嵌套理论交易系统不适合下列人群。

（1）已经能够稳定盈利的投资者。

对一个投资者来说，更换一个新的交易系统无异于脱胎换骨，会涉及整个交易思想和操作技术的变化。如果你已经有一个能够稳定盈利的交易系统，那么就没有必要放弃自己已经习惯的交易系统。

第 8 章　嵌套理论的交易理念

（2）对年收益率期望过高的投资者。

众所周知，证券期货市场是一个高风险的市场，大多数投资者在这个市场里要追求高收益是无可厚非的。但是你是否有足够的经济实力和心理准备来面对同高收益相对应的高风险呢？如果你没有做好那样的准备就冒冒失失地杀进一个高风险的市场，那么结局是不言自明的。嵌套理论交易系统主要面向稳健型的投资者，所以，如果你期望在短期内获得暴利，那么本交易系统不适合你。

（3）性格急躁、没有耐心长期持仓的投资者。

很多投资交易大师都说过，利润是坐着等出来的，而不是交易出来的。嵌套理论交易系统不是日内交易系统，不需要你去关注市场上的所有交易机会，因此你不会觉得很累。但有很多人耐不住手痒，喜欢频繁交易，如果是这样，这个交易系统也不适合你。嵌套理论交易系统在投资者进场时，就已经给出平仓位置和加仓位置，你所要做的就是等待信号的出现并严格按此执行。

（4）严重亏损后急于翻本的投资者。

投资要做，而不是赌，这是我一贯坚持的观点。如果你在股票、期货市场中赌，赢钱的概率不会超过5%。那么投资应该怎么去做？就是在正确的理念下执行一个你信任的交易系统。所以，各位读者如果想使用嵌套理论交易系统，首先要能够接受嵌套理论的交易理念，而不要有急于赚快钱、赚大钱的想法，特别是不能有赌博的心理。

（5）无法忍受利润回撤的投资者。

嵌套理论交易系统是以趋势交易为主的交易系统。既然是趋势交易，就涉及一个如何看待利润回撤的问题。一波行情，哪怕是再确定的趋势，当中也会有波动，而这种波动幅度有时甚至会达到行情延续深度的50%左右。这个时候你怎么处理手里的头寸？在面临回撤时你是及时兑现利润，还是继续加仓？这就取决于你对交易系统的信任度了。嵌套理论交易系统通过

"趋势→震荡"的转换处理,可以在一定程度上解决这个问题,但并不能保证利润不进行大幅回撤。

(6)没有任何技术分析基础的投资者。

正如本书前面所说的,交易系统不应该是一个"黑匣子",投资者必须知道自己在做什么,也要知道可能会带来的结果。投资者在入场时要进行主观的走势判断,这就需要投资者具备一定的技术分析知识。在嵌套理论交易系统中,技术分析所占的比例并不高,嵌套理论交易系统对投资者的技术分析水平的要求也不高,你只要有 60 分的技术分析水平,基本上就能取得和 90 分一样的结果。所以对新手来说,压力并不是很大,只要熟练掌握本书介绍的形态分析和技术分析的内容,并且在有余力的前提下继续深造即可。请记住:在投资市场中,你应该掌握自己的命运,而不是事事求人。

(7)纪律性差,不能严格执行交易纪律的投资者。

执行纪律在投资交易中不论被放到多么重要的位置都不为过。因为即使是交易圣杯,也是要人去执行的。一个再优秀的交易系统,如果投资者不按照它的规则去操作,那么就和无交易系统是一样的。我相信,如果有 100 个人开始使用嵌套理论交易系统,能够完全执行下来的不会超过 10%。一个不被执行的交易系统,就如同空中楼阁。

如果你存在以上情形,那么嵌套理论交易系统不一定适合你。特别是如果你没有执行纪律的决心和能力,那么整个投资市场都不一定适合你。

第 9 章
嵌套理论的趋势交易策略

9.1 嵌套理论交易系统的整体思路

　　股票、期货的交易策略有很多,但大家必须明白,这个世界上并不存在在任何情形下都适用的交易策略。趋势走势和震荡走势的交易策略是明显不同的,投资者不能随意拿一个交易策略就不加分析地使用在当前的行情中。面对各种交易策略,在趋势走势中采取顺势交易策略最为轻松,风险也最小,这也是嵌套理论交易系统的主要交易策略。但应该如何进行顺势交易,这是一个一直困扰着许多投资者的问题。

　　很多投资者号称自己是趋势交易者,他们在看到行情表现出一波流畅的趋势后便开始追击,但没想到自己刚进场,行情就突然停了下来,并进行反向波动,自己的账户立刻出现了亏损,而且亏损幅度还在不断地扩大。于是他们只能先止损。但止损以后,行情又恢复了原来的趋势运动方向,在懊恼之际,他们再次进行追击,结果又陷入了同样的恶性循环中……

这个过程可以表述为"追击→波动→止损→追击→波动→止损→信心崩溃"。

在这种情况下，投资者的趋势交易信心受到了严重的打击，他们便再也不相信趋势交易了，于是就成为天天进行交易的日内交易者。

可以说，入场点的好坏极大地影响了投资者的交易心态。很多人抛开技术只讲心态，这是过于简单的思维。笔者认为，好的心态是由投资者的仓位和入场点来决定的。如果投资者选择的入场点不好，采取的又是重仓操作，即使其沿着价格变化的方向顺势操作，也会因价格反向波动导致头寸出现巨大的浮亏，此时投资者怎么可能会有好的心态呢？在这种情况下，投资者首先会怀疑自己是不是做错了方向，然后信心动摇，直到最后平仓离场。但就在其刚刚平仓离场后，行情又大踏步地朝着原来的方向迈进，这样投资者的操作节奏就会被彻底打乱，并导致整个交易计划的失败。

嵌套理论解决这个问题的方法就是嵌套理论的三大定律。

（1）先通过对行情走势的分析，判断目前的行情走势是否属于趋势走势。如果属于趋势走势，那么按照嵌套理论第一定律的要求，应当采取趋势交易策略；如果属于震荡走势，那么应当采取震荡交易策略。

（2）在确定进场的交易策略以后，在合适的入场点出现后，以安全仓位进场并建仓交易，之后按照嵌套理论第三定律设置止损点。

（3）在趋势走势出现反向波动后，按照嵌套理论第二定律判断行情是否出现趋势暂时中止的情况。如果判断趋势已经中止并进入震荡状态，则在减仓后按照震荡交易策略进行操作；如果趋势尚未进入震荡状态，则在触及止损点前坚决持仓。

这就是以趋势交易为主的嵌套理论交易系统的整体思路，包括了如何选择进场的时机、如何建仓和平仓等，其中具体的操作方法都是嵌套理论交易思想的体现，并且是嵌套理论交易系统不可缺少的一部分。

9.2 趋势交易策略的建仓

9.2.1 建仓前需要考虑的问题

建仓的正确方法就是以合理的仓位，选择在正确的入场点进场。这样基本上很快就会有盈利，行情会快速脱离投资者的成本区，之后即使出现回调，也不会对投资者的资金造成很大的损失。

嵌套理论交易系统包括趋势交易系统和震荡交易系统，两种交易系统建仓的思路基本类似，我们在进行建仓时都要考虑以下几个问题。

（1）不论是趋势交易还是震荡交易，都必须耐心等待一个好的入场点。如果入场点不好，那么投资者必须面对一个比较大的止损范围，这非常容易影响投资者的心态，所以耐心非常重要。这是嵌套理论交易思想中"要低频交易"的体现，也是笔者在第6章中讨论"值得交易的形态"的意义所在。

（2）因为绝大多数的投资者是以日K线为交易周期的，所以在判断目前的走势是否已经形成趋势时，笔者建议先提高一个周期，在周K线上判断是否形成趋势。如果周K线上已经形成趋势，则按照趋势模式操作；如果周K线上未形成趋势，则按震荡模式操作。简单地说，就是周K线用来看趋势，决定交易策略，日K线用来寻找进场时机，小时线或分时图用来决定进场。

（3）进场后立即通过止损关键位来寻找并设置止损点。

（4）当出现趋势中止的情形时，要将趋势交易策略转变为震荡交易策略。

9.2.2 建仓的时机

期货交易大师斯坦利·克罗在其经典著作《期货交易策略》中称："只有在市场展现强烈的趋势特性，或者你的分析显示市场正在酝酿形成趋势时，才能进场。"

通常趋势交易的建仓点有3个：

（1）趋势的新突破点；

（2）横向盘整显著走向某个方向的突破点；

（3）上涨主趋势的回调点或下跌主趋势的反弹点。

也就是说，在上涨主趋势中，当回调遇到支撑位时买入，或者当回调到距离最近高点 45%～55%时买入。在下跌主趋势中，当反弹遇到压力位时卖出，或者当反弹到距离最近低点的 45%～55%时卖出。

建仓点（1）和建仓点（2）的思路类似，即选择在突破时建仓。建仓点（3）则属于"顺大势、逆小势"的建仓法，这种建仓法和亚历山大·埃尔德在《以交易为生》一书中提到的三重滤网交易系统的思路颇有相似之处（本书在应用篇中会予以介绍）。

虽然斯坦利·克罗仅仅针对期货交易提出了趋势交易策略的建仓点，但这些建仓点在股票交易中也是适用的。本书所介绍的趋势交易策略的建仓点基本上和斯坦利·克罗提到的建仓点相似，即在出现可以交易的形态之后进行建仓。

当你判断现在的行情是趋势走势时，你只能在以下两种建仓方法中进行选择。

（1）突破建仓。在趋势的新突破点或横向盘整显著走向某个方向的突破点建仓。

(2)在上涨主趋势的回调支撑位或下跌主趋势的反弹压力位建仓。

1. 趋势的新突破点

趋势的新突破点一般产生在原趋势已经中止并形成震荡区间之后。该突破导致原趋势终止，并形成一个新的趋势。

图 9-1 所示是格力电器在 2018 年 4 月到 2019 年 6 月的走势。从图中可以看到，格力电器在经过大半年的下跌后，在 2018 年 8 月至 2019 年 1 月原下跌趋势暂时中止，并形成了一个底部震荡区间。2019 年 1 月 29 日的收盘价突破了底部震荡区间的上沿，在经过一个交易日的调整后，在 1 月 31 日继续拉出长阳线，该时点就是格力电器从原有的下跌趋势转化为上涨趋势的新突破点。

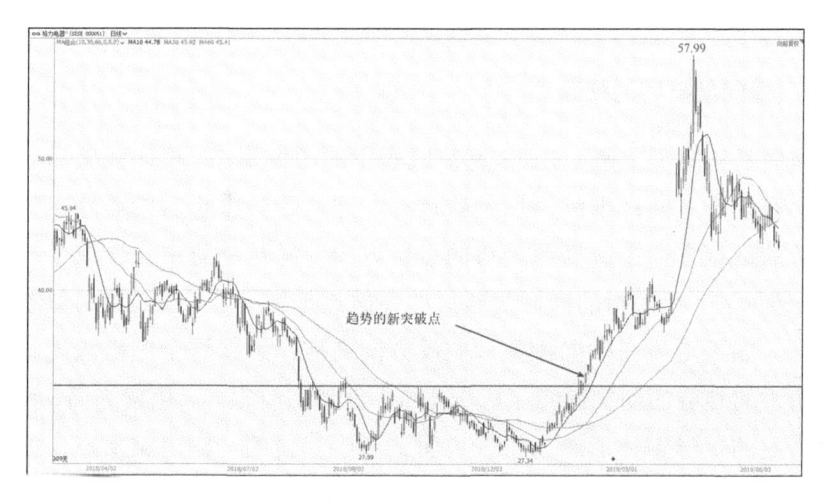

图 9-1 格力电器在 2018 年 4 月至 2019 年 6 月的走势

图 9-2 所示是郑棉加权指数在 2015 年 8 月到 2016 年 10 月的走势。郑棉加权指数从 2013 年开始就形成了一个长期的下跌趋势，经过近三年的下跌，价格从大约 2 万元/吨跌到 1 万元/吨左右，并在 2016 年 3 月初下探历史最低点。在经过一个多月的底部盘整后，郑棉加权指数在 2016 年 4 月 11 日以一根长阳线突破了底部震荡区间的上沿，形成趋势新的突破点，并且经过后两个交易日的突破确认，展开了一轮上涨趋势。

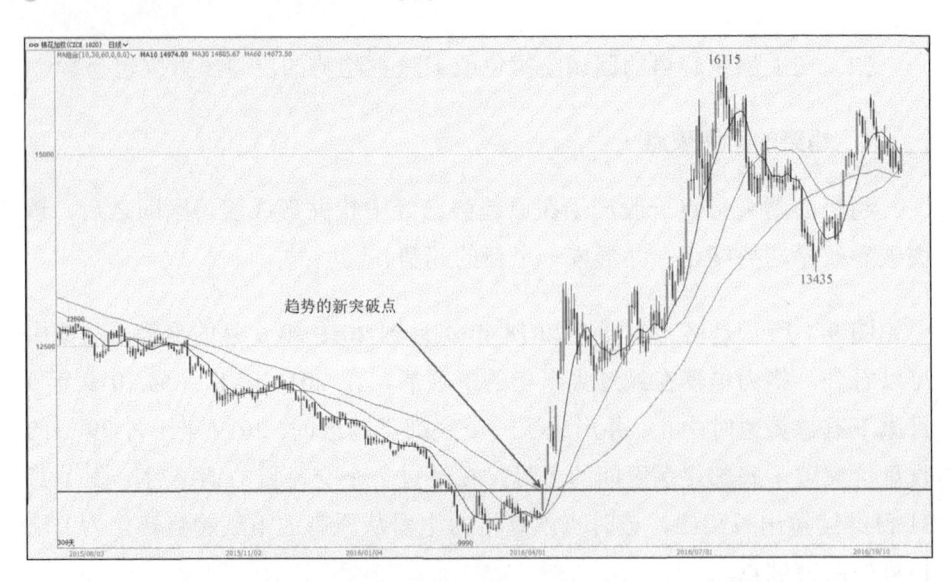

图 9-2　郑棉加权指数在 2015 年 8 月到 2016 年 10 月的走势

2. 横向盘整后的突破点

横向盘整属于上涨（下跌）趋势过程中的中继形态。横向盘整后的走势可能会有两个方向：继续沿原趋势运行，即从趋势中止后的震荡走势恢复原趋势的运行方向；改变原趋势的运行方向，即从趋势中止变成了趋势终止。一般而言，我们指的横向盘整后的突破点是指前者，即继续沿原趋势方向运行。如果走势在横向盘整后向反方向突破，那么这个突破点就相当于上面所讲的趋势的新突破点了。趋势的中继形态有很多，化繁为简，我们只以最常见的矩形箱体形态为例来说明。对于其他的一些中继形态，如三角形、旗形、楔形等，有兴趣的读者可以在《金融市场技术分析》等著作中继续学习。

图 9-3 所示是沪铜加权指数在 2020 年 5 月至 2021 年 7 月的走势，这是一段酣畅淋漓的上涨趋势。期价在整个上涨过程中多次形成了横向盘整平台，但几次都以突破盘整震荡区间上沿的方式形成新的突破，随后走势继续沿原趋势的方向运行。这些突破点都是趋势交易策略中合适的建仓位置。

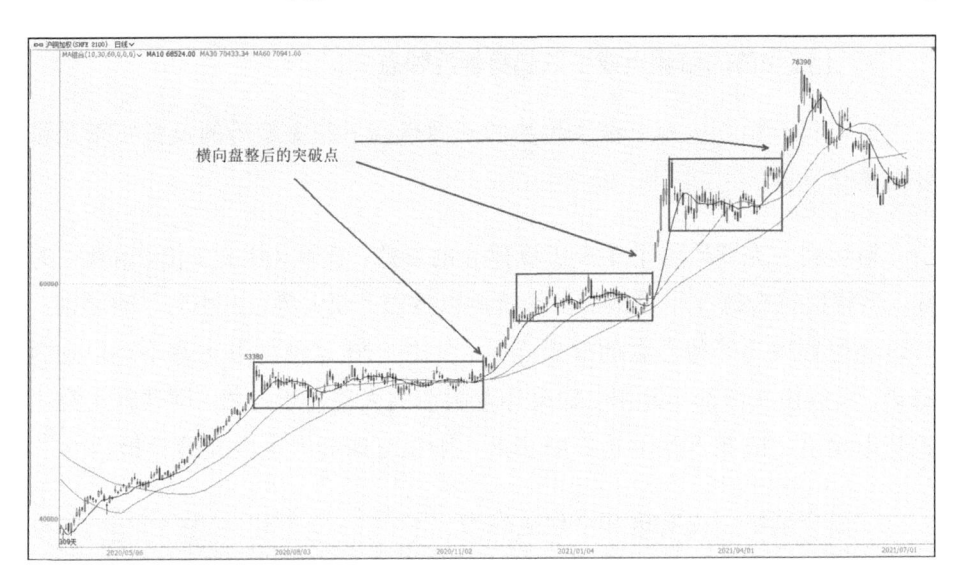

图 9-3　沪铜加权指数在 2020 年 5 月至 2021 年 7 月的走势

图 9-4 所示是贵州茅台在 2019 年至 2021 年的走势。从图 9-4 可以看出，股票价格在上涨过程中先后形成几个震荡区间，然后以一次又一次的向上突破来完成趋势的延续。这些突破点同样是合适的建仓位置。

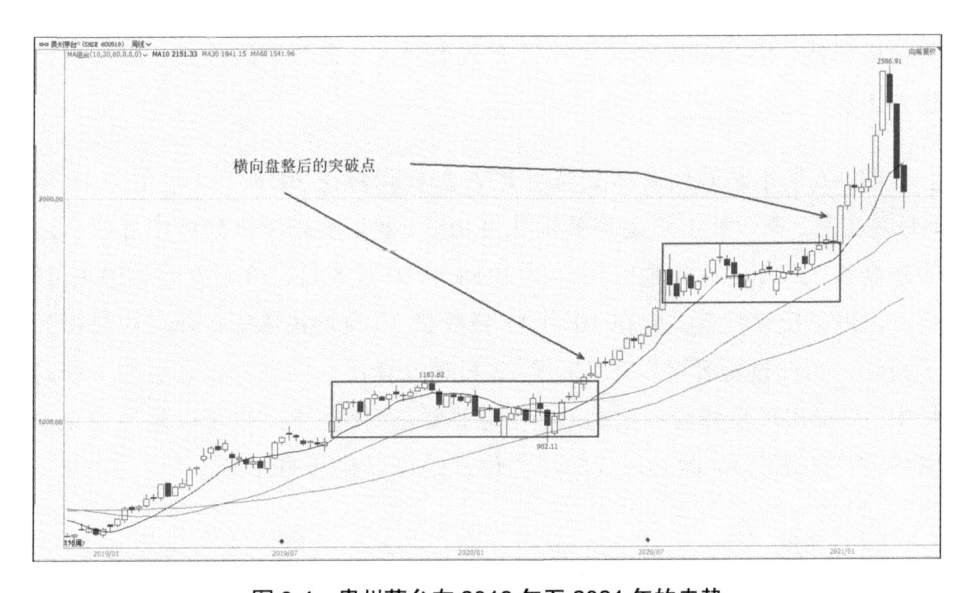

图 9-4　贵州茅台在 2019 年至 2021 年的走势

3. 上涨趋势的回调点或下跌趋势的反弹点

斯坦利·克罗认为上涨主趋势的回调点或下跌主趋势的反弹点都是很好的建仓位置。

斯坦利·克罗给出了3个可以建仓的参数：支撑（压力）位、高度、时间。当行情符合这3个参数时，你就可以按照"顺大势、逆小势"的原则，将这个位置视为等待已久的建仓点了。记住，在这种情形下你不可以逆主趋势，只能逆次级的小趋势。如果你置眼前的大趋势于不顾，硬要在上涨主趋势中卖出，或在下跌主趋势中买入，则很可能会产生巨大的亏损。

下面分别举例说明这几个建仓参数。

（1）支撑（压力）位。

如图9-5所示，雅本化学在2021年12月21日形成了突破。如果投资者没有在12月21日、12月22日买入，就不能追击，只有耐心等到股票在上涨回调过程中遇到支撑位的时候买入。2022年1月6日、1月7日，股价连续回调，在1月10日受到10日均线的支撑，并出现阳线吞没前一根阴线，因此可以确认支撑位有效而买入。在随后的几天，股价继续强力上涨。

图9-6所示是郑州商品交易所PTA加权指数在2018年7月至2019年1月的走势。在一波上涨趋势被确认终止后，我们要在下跌趋势中寻找合适的建仓点。PTA加权指数的期价在2018年10月8日、10月9日、10月10日，出现了反弹行情，但在10月11日受到30日均线压制，并在次日得到了验证，因此投资者可以在10月12日建仓卖出。同理，在之后的下跌趋势中，只要出现反弹受到压制（不一定非要是均线压制，也可以是反弹无法突破前高的压制），此时形成的压力位都是可以建仓的位置。

（2）高度。

高度具体是指在上涨主趋势中回调到距离最近高点 45%～55%时买入；

在下跌主趋势中反弹到距离最近低点 45%～55%时卖出。这其实是一个经验参数，我们在实践中不可过于死板。

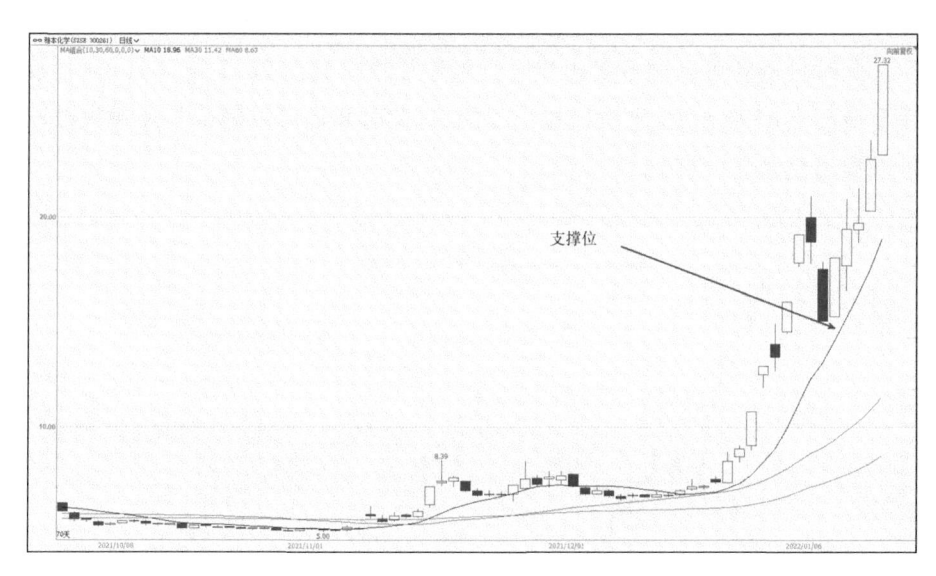

图 9-5　在雅本化学的支撑位买入建仓

图 9-6　郑州商品交易所 PTA 加权指数在 2018 年 7 月至 2019 年 1 月的走势

图 9-7 所示是上海期货交易所纸浆加权指数在 2021 年 4 月至 2021 年

11月的走势。在2021年4月初纸浆加权指数形成7286元的相对高点后，一路下跌至5720元，下跌幅度为1566元，如果按照反弹45%～55%的幅度计算，反弹值应为705～861元，即从最低点5720元反弹到6425～6581元，此时投资者可以准备卖出建仓。纸浆加权指数在2021年7月19日反弹至最高点6594元后，于次日拉出长阴线，此时我们可以确认其反弹失败，可以卖出建仓。

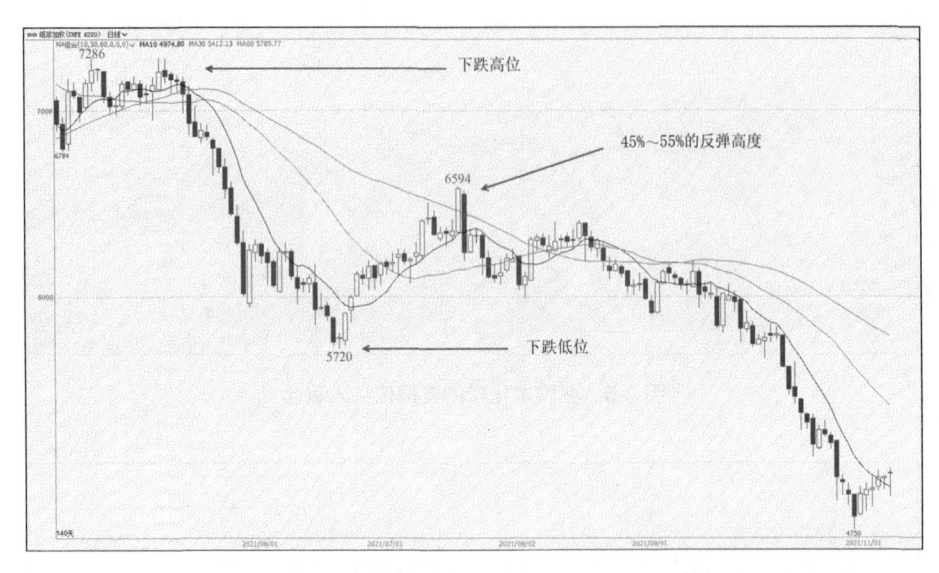

图9-7　上海期货交易所纸浆加权指数在2021年4月至2021年11月的走势

图9-8所示是大连商品交易所玉米加权指数在2019年11月至2020年7月的走势。玉米加权指数在2020年3月10日突破震荡区间的上沿后开始上涨，突破启动点在1955元左右。在走出上涨趋势后，一次比较大的回调高点是2107元，此时的涨幅为2107-1955=152（元），按45%～55%的涨幅为68.5～83.5元，因此当玉米加权指数的走势回调到2023～2038元时我们可以考虑买入建仓。玉米加权指数在2020年5月20日形成2020元的最低点后，期价受到60日均线的支撑，此时正好符合高度参数，投资者可以买入建仓。

图 9-8　大连商品交易所玉米加权指数在 2019 年 11 月至 2020 年 7 月的走势

（3）时间。

斯坦利·克罗对时间的要求是：在上涨主趋势开始回调的第 3 天～第 5 天买入；在下跌主趋势开始反弹的第 3 天～第 5 天卖出。如图 9-5 所示，雅本化学在回调的第 3 天止跌反弹。

相对而言，时间参数的可靠性要差很多。对嵌套理论而言，走势的形态才是更重要的观察目标，因此本书不对时间参数展开研究。

对于斯坦利·克罗提出的趋势交易的 3 个建仓点可以总结如下。

（1）3 个建仓点都属于嵌套理论交易系统所推荐的值得交易的形态，希望读者能够充分理解"值得交易的形态"这一概念的重要性。

（2）第三个建仓点属于"顺大势、逆小势"的建仓法，它基于大级别的周期（如周 K 线级别）才被认为属于趋势建仓法，但对于我们平常操作的标准周期（日 K 线级别）来说，根据嵌套理论第二定律，走势还是处于一个震荡区间，前面的低点是震荡区间的支撑位，前面的高点是震荡区间的压力位，因此我们也可以通过观察前低、前高的方法来寻找建仓点。

（3）斯坦利·克罗提出的在逆小势时可以建仓的 3 个参数均是经验公式，并不是根据逻辑推导出来的结果。投资者在实践中不可死板地应用它们，必须结合其他指标来共同判断。

9.2.3　建仓的注意点

我们在准备建仓时除了要等待建仓时机，还要注意以下几个细节。

（1）当价格和短期均线、长期均线缠绕在一起时，属于震荡状态，此时不要使用趋势交易策略，只能选择震荡交易策略。

（2）在移动平均线已经排列整齐的情况下，60 日均线以上不做空，60 日均线以下不做多。但如果长、短期均线混乱排列，则走势处于震荡状态，此时均线系统失效，我们要按震荡交易策略操作，不受均线排列的限制。

（3）在趋势运行了很长时间后，要注意趋势多空的转换，这很可能是一个新的反向大趋势行情的起点。在趋势产生的初期和中期，走势在震荡后延续原趋势方向的情况比较常见。行情一旦过了中期，在震荡后能够延续原趋势方向的可能性就越来越小。

（4）当你准备按斯坦利·克罗的反弹建仓法压空时，不要在反弹最凶猛的时候进场，而是要等到反弹停止后再进场，这样可以保证你在进场后不至于马上面临浮亏的尴尬。但这个时刻你要克服一种心理：刚才在最高点我没有进去，现在进去是不是亏了？等下一次反弹吧……这样的结果往往是行情一路下跌，你根本等不到反弹，或者反弹来了，你也不敢建仓。

对于在暴跌后的抄底，也是按这个思路操作，即不要在暴跌最厉害的时候去接飞刀，而是要等到暴跌趋缓后再寻机入场。

（5）嵌套理论把加仓看成一个新的建仓行为。你应该在系统又一次出现建仓的信号时加仓，而不是仅仅因为有了利润而加仓。在加仓后，要设定新的止损点。如果价格回到了新的止损点，新手可以把全部仓位平仓，对于比较有经验的投资者，也可以按照震荡交易策略进行调整，仅平掉部分仓位。

9.3 趋势交易策略的平仓

9.3.1 平仓的目的和概念

平仓在任何一个交易系统中都是最难解决的问题，这是投资交易的顶级技术之一。可以说，谁解决了这个问题，谁就掌握了交易的圣杯。所谓"会买的是徒弟，会卖的是师傅"，表达的就是这个道理。有的人认为，平仓的时机就是你不愿意建仓和持仓的时机，这种说法是非常简单、粗暴的，并且没有理论和大量实践数据的支持。嵌套理论交易系统对平仓有自己的一套规则，但不论是嵌套理论交易系统，还是其他交易系统，其平仓的方法都只是一种经验方法。既然是经验方法，必然不会是绝对精确的，所以你永远也不要希望能找到一个适用于所有品种、所有情形的平仓方法。

平仓的目的是收割利润和避免损失的扩大。相对而言，平仓的标准要比基础篇中提到的判断"趋势中止"的标准更严格，主要原因是为了最大限度地保护既有的利润。因为当等到行情确实如你所判断的"中止"时，行情已经处于震荡阶段了，你的利润已经有了较大的回撤，从时机上看也已经略晚了一些。当然，如果你的仓位极轻、浮盈巨大，平时也没有时间盯盘，也可以大致把平仓的标准和判断趋势中止的标准等同起来。

本书对止损和止盈统一使用平仓的概念，但我们仍然应当知道，平仓包括两种类型：主动性平仓和被动性平仓。其中，主动性平仓一般指止盈，被动性平仓一般指止损。

被动性平仓比较好理解，即在价格达到止损点后（包括不断调整的止损点），我们坚决执行事先制订的止损计划而平仓，这种平仓可能是止损，也可能是止盈。比如，你比较早地介入了趋势，价格已经远远脱离了成本区间，新的止损点已经位于盈利区了，虽然你最终是按照止损方式进行平仓的，但从交易结果来看是止盈。

主动性平仓比较难掌握，我们把趋势交易策略和震荡交易策略分开来讨论，接下来主要讨论趋势交易策略的平仓方法。

9.3.2　趋势交易策略的平仓方法

趋势交易策略的平仓方法比较复杂。一般而言，趋势的止损平仓是一种被动的平仓策略，即行情已经脱离了你的趋势预判，你被迫止损平仓，这相对而言是简单的。趋势交易策略平仓的难点在于当行情根据你的预测进行延续时，你怎么在震荡走势来临时止盈离场。

根据前面所述，趋势交易有多种进场方式，对应每一种进场方式，投资者都设定了止损点。比如，你按照60日均线拐点做空，就要把有效向上突破60日均线作为止损点；又如，你在价格突破震荡区间上沿时做多，就要在价格有效跌破震荡区间上沿的位置设置止损点。这样的平仓方式是简明扼要的。

如果行情如你所愿顺利进行，那么按照传统的做法就是金字塔加仓，你的仓位会越来越重，你很可能会在趋势的最后一个阶段持有最多的仓位。这时假如出现一个反向的波动，就会打掉你很多的利润，如何处理这个问题是趋势交易的最难之处。

嵌套理论交易系统认为，在你进场后，如果行情如你所愿一路上涨（以做多为例），当出现第二个可以建仓的位置时，你可以加仓，并把加仓看成一次新的建仓，同时，把这个品种的止损点从原来的位置移到这次建仓时找到的新的位置。当行情回调到新的止损点时，将加仓部分的头寸平仓，保留原头寸，然后按照震荡交易策略进行操作。在本次震荡走势结束后，根据走势选择的方向，继续按原趋势方向建仓，或平掉手中的全部头寸。

但当行情下跌且还没有出现止损信号时，如果你判断行情已经进入震荡走势，就要先平掉部分头寸，按震荡交易策略执行；如果行情尚未进入震荡走势，则继续持仓而不平仓。

根据嵌套理论，在趋势行情进行时，必然将嵌套一个个小规模的震荡行情，而你需要注意的就是在什么时候从趋势思维切换到震荡思维。一个总体思路是：

趋势不断深入→不断调整止损点→出现一定幅度的波动（股票10%、期货 2%）→改震荡思维→先平掉部分仓位→等待出现震荡拐点→建仓回补→止损或按震荡止盈。

在行情出现第一次反向波动后，你要判断行情是否已经中止，如果行情已经中止，你要根据嵌套理论第二定律，立刻将趋势思维转换为震荡思维，先暂时把此次走势的高点作为震荡区间的上沿，把前低作为震荡区间的下沿，然后在这个区间内按震荡交易策略进行操作。如果行情的回调尚未构成行情中止，则可以不理会利润的回撤，继续持仓，等待走势恢复原趋势方向，或待走势中止后，按震荡交易策略进行操作。

9.3.3 趋势的终止或延续

一轮行情在趋势走势暂时中止并进入震荡状态后，就进入了一个大趋势运行过程中的中继状态。在这之后行情又有两种变化方向：恢复原趋势方向；朝原趋势相反方向运行。

（1）如果行情恢复原趋势方向，此时又形成了新的建仓位置，投资者要继续按照原定的趋势交易策略进行建仓。建仓后有两种可能性：①行情的趋势恢复失败，行情又回到震荡区间，可以平掉新加的头寸，老头寸继续保留，按震荡交易策略继续执行；②行情的趋势恢复成功，则继续持仓，按趋势交易策略不断调整止损点，这是一个理想的结局。

（2）如果行情朝原趋势相反方向运行，可以认为这轮趋势已经终止，你要平掉全部头寸，并且根据基本面的变化情况，考虑是否要按新的方向进行交易。

在趋势终止后再平掉全部仓位的做法，会损失掉保留在震荡区间的一部分老头寸的利润，减少这部分利润损失的方法就是在震荡区间内反复进行震荡交易策略操作。但对新手来说，完全可以忽略这种操作，因为这部分利润损失是其必须承担的交易成本。一个新手不可能吃掉整个趋势行情的全部，只需要静静地持仓等待向下突破或向上突破即可，这也是趋势交易"只吃鱼身、放弃头尾"交易理念的体现。

在上涨过程中的下跌，或者在下跌过程中的反抽，有的时候力度是非常大的。如果你还拘泥于仅仅因为行情还处于原趋势内而继续拿着头寸，往往会经历很大的涨跌幅度，甚至会由盈利转为亏损，这将会给你的信心带来极大的打击。特别是在趋势加速以后，更要注意及时止盈平仓的问题，笔者在本书第4.3节已经详细解释了原因。因此在平仓时，我们不仅要按趋势交易策略来止损，更要按震荡交易策略来止盈。

斯坦利·克罗在《期货操作策略》中提出的"千万不要提前下车"虽然是正确的，但我们也不要机械地去理解它，因为这句话的后面还有一句话——"不要一见小的波动就急于做短线，也不要逆势交易"。所以笔者认为对"千万不要提前下车"的正确理解应该是：先收获利润，然后等待一个更好的时机再次进场。由于整个趋势仍然没有改变，所以你应该只平掉最后一次建立的仓位，利润丰厚的老头寸可以继续持有，等行情走势再次出现可以交易的形态时，你再进场建仓，这个时候就非常易于防守。在平仓后，要按照震荡交易策略进行操作，并随时注意行情是否会朝原趋势方向进行突破。如果行情突破了并形成新的建仓时机，就要毫不犹豫地进场，因为这很可能是非常流畅的一段行情。

9.4 趋势交易策略操作示例

为帮助读者更好地理解嵌套理论趋势交易策略的操作要求，现以格力

第 9 章　嵌套理论的趋势交易策略

电器在 2016 年 2 月至 2017 年 12 月的走势为例，详细解说趋势交易策略的一些操作细节，如图 9-9 所示。

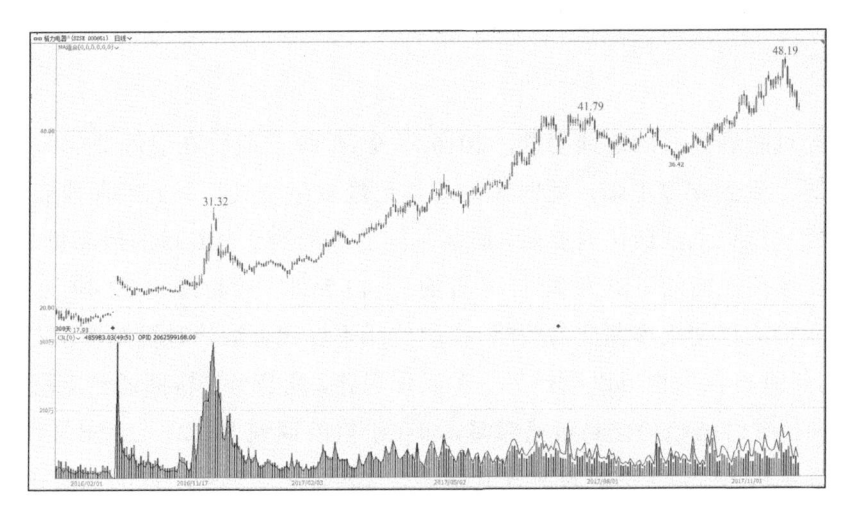

图 9-9　格力电器在 2016 年 2 月至 2017 年 12 月的走势

如图 9-10 所示，2016 年 9 月 2 日格力电器复牌，从停牌前的 19.22 元/股开始了一字涨停，预示着可能会拉开一轮上涨趋势。我们当然希望能够参与到这轮上涨趋势中去，但因为走势是一字涨停，你即使想要介入，也没有办法买得到，因此只能等待。

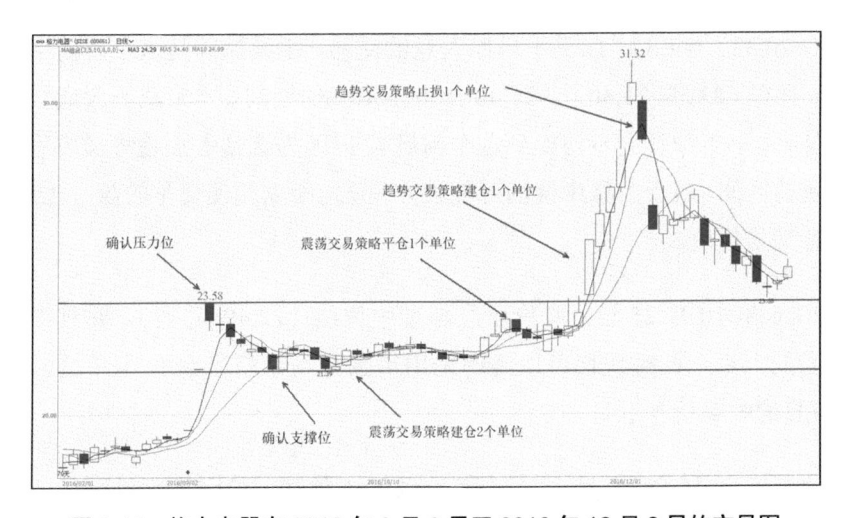

图 9-10　格力电器在 2016 年 9 月 2 日至 2016 年 12 月 2 日的交易图

2016 年 9 月 6 日，格力电器在以最高价 23.58 元/股开盘后一路走低，并以 23.00 元/股收盘。由于当天是巨量阴线，贸然介入风险很大，而且这个形态也不是嵌套理论推荐的可以交易的形态，因此我们的正确做法仍然是等待。

经过随后几日的连续阴跌，2016 年 9 月 19 日股价在前低 21.40 元/股的位置上受到支撑走阳，此时短期均线已经发生交叉，我们判断股票的走势已经从趋势上涨转化为震荡，震荡区间的上沿为 9 月 6 日的最高价 23.58 元/股，震荡区间的下沿为 9 月 14 日的 21.40 元/股，中位线为 22.49 元/股。此时我们应该使用震荡交易策略，在中位线下寻找合适的时机做多。在 2016 年 9 月 19 日我们也可以选择另一种操作思路，就是当价格回调到上涨幅度 50%的位置时按趋势交易策略做多，即在价格回调到 19.22+（23.58-19.22）×50%＝21.40（元）的位置时建仓做多。这两种思路都是可以的，本书暂按震荡交易策略给大家进行讲解。你在看完下面的操作流程后会发现，其实这两种操作方法在结果上几乎是没有什么区别的。

在 9 月 23 日、9 月 26 日两个交易日确认了震荡区间下沿有效后，我们在 9 月 27 日以震荡交易策略进场，建仓 2 个单位（顺势的空仓震荡建仓，可以建仓 2 个单位），建仓价为 21.70 元/股，止损点定在震荡区间下沿 21.40 元以外 5%的位置，即 20.33 元。这笔交易的盈亏比为：（23.58-21.70）/（21.70-20.33）＝1.37，属于不尽如人意的交易，主要原因是这个震荡空间太狭窄，只有（23.58-21.40）/ 21.40×100%=10%的空间，本来就不太适合做震荡交易（本书下一章会专门提到这个问题）。但因为这是上涨趋势形成后的第一个震荡区间，属于上涨中继的可能性非常大，所以即使交易的盈亏比较小，仍然有交易价值。

2016 年 10 月 25 日，股价已经超过中位线（22.49 元/股），并且接近震荡区间的上沿，此时我们可以考虑采用震荡交易策略平仓 1 个单位，如以 23 元/股的收盘价平仓。

随后在 2016 年 11 月 17 日，股价跌破中位线，但因为可供操作的空间实在太小，如果仍然按照 20.33 元的止损点，在 22.20 元建仓，盈亏比只有（23.58-22.20）/（22.20-20.33）＝0.74，完全就是一笔不划算的交易，所以我们只能继续等待。

2016 年 11 月 23 日，股价突破震荡区间的上沿，并且均线也排列成上涨态势，出现了嵌套理论中可以交易的形态。因此我们将震荡交易策略恢复为趋势交易策略，并追击建仓 1 个单位，追击价格为 24.20 元/股，止损点定在原来震荡区间的上沿 23.58 元以下 3%，即 22.87 元的位置。

看到这里，我们会发现，如果我们在 2016 年 9 月 19 日按照趋势交易策略建仓 1 个单位，然后一直持有，同样会在 11 月 23 日追击入场，此时我们手里持有的总仓位和在 9 月 19 日采用震荡交易策略的结果是一样的，区别就在于我们少了一次在震荡区间内的操作。

随后股价开始快速上涨，形成了斜率高、乖离率高的形态，我们要随着行情的上涨不断调整止损点，这个止损点应位于最高价开始回调的 10%以内，我们在本案例中选择 7%。这个止损点就其本质而言，属于快速上涨后的主动性止盈。股价在 2016 年 12 月 1 日形成阶段新高（31.32 元/股）后，在 12 月 2 日开始下跌。由于此前涨速飞快，股价跟中期均线形成了很大的乖离率，属于本书第 4 章关于趋势中止的判断中"走完最流畅的一段行情"的情形。我们要将在这次趋势交易中建仓的头寸在触及止损点时平掉，只保留原始的 1 个单位，平仓价为 29 元/股，这是一个合理的价格。

接着行情再次进入震荡走势，震荡区间的上沿为前高 31.32 元/股，下沿为由原来的压力位转换为的支撑位（23.58 元/股），中位线为 27.45 元/股。此时我们手里还保留 1 个单位的头寸，应采取震荡交易策略。

我们要注意一个问题，这个震荡区间的空间非常大，从 23.58 元/股到 31.32 元/股有 7.74 元的空间，相当于从 23.58 元/股起算有 30%多的空间，并且这次震荡是在上涨趋势中形成的第二次震荡，很有可能是一个大的上涨趋势中的中继。我们可以考虑，在这个震荡区间中是否会嵌套一个小趋势。因此，虽然在这个区间里总体的思路是以震荡做多策略为主，但具体到每一笔交易时仍然有两种选择：震荡交易策略和趋势交易策略。无论你选哪一种交易策略都没有问题，重点在于你选择了哪种交易策略，就要按哪种交易策略来进行止损或止盈。由于第 10 章会重点介绍震荡交易策略，下面我们就对在这个震荡区间内使用趋势交易策略的情形进行讲解。

如果我们想在这个区间内进行趋势交易操作，那么我们所需要做的工作就是等待出现值得交易的形态，也就是等待底部形态的出现。

股价在 2016 年 12 月 20 日和 12 月 26 日两次探底后形成底部形态的雏形，均线仍然呈缠绕状态，K 线图阴阳交错。2017 年 1 月 16 日，股价在短暂击破 23.58 元/股的支撑位后又回到震荡空间，表明支撑位有效。随后几日的 K 线图走势显示股价高点逐步升高，低点也在逐步抬高，均线也开始有排列整齐的迹象。2 月 13 日，股价伴随着成交量的增大开始突破，形成了一个值得交易的底部形态,此时我们可以按趋势交易策略建仓 1 个单位，入场价在 26.50 元/股附近，止损点设在前一日 20 日均线 25.03 元/股之下 3%左右，即 24.28 元/股，这个止损点将随着趋势的延续而不断被调整。当然这里你选择的止损基准均线不一定非是 20 日均线，保守的投资者选择 10 日均线也是可以的，或者按突破前的前高（25.94 元/股）以下 5%（即 24.64 元/股）来设置也可以。选择不同的止损点设置方法，体现了不同的交易风格，无论你选择哪一种止损点设置方法，当行情触及止损点时都要止损。

股价在 2017 年 2 月 14 日至 2 月 16 日形成一个小的支撑位，价格在 26.70 元/股左右，在随后的十几个交易日内，再次确认了 26.70 元/股的支撑位，并且 3 月 10 日收盘价突破了 2 月 20 日的高点（28.66 元/股），属于一个回踩确认的可以交易的形态。此时均线排列仍然良好，再加上已完成回踩确认，我们可以在之后几个交易日择机建仓。比如，在 3 月 13 日以 29.00 元/股建仓 1 个单位，止损点仍然是按照前一个交易日 20 日均线 27.77 元/股以下 3%（即 26.94 元/股）来设置的，或按 2 月 20 日的高点（28.66 元/股）以下 5%（27.22 元/股）来设置。至此我们手里已经有 3 个单位的仓位了。

第 9 章 嵌套理论的趋势交易策略

我们快要到一个需要注意的位置了：前高 31.32 元/股。前面讲了，我们可以把从 23.58 元/股到 31.32 元/股视为一个震荡区间，并在这个区间里进行趋势操作。我们现在要在下面两个选项中进行选择：

（1）在 23.58 元/股～31.32 元/股这个大的震荡区间内进行交易，在靠近 31.32 元/股的高位附近止盈；

（2）继续按照原来的趋势交易思路，只要不突破最新的止损点，就继续持仓。

根据嵌套理论，这两种做法都是可以的。

如果按照震荡交易策略，在股价于 2017 年 3 月 27 日突破震荡区间的上沿失败后止盈，然后等待股价朝震荡区间的下沿走低，或者在股价有效突破震荡区间的上沿后追击。如果按照这个思路，那么你下一次建仓的时间可能是在 2017 年 3 月 31 日，之后在 4 月 11 日止损。然后在 4 月 17 日再次按照趋势交易策略中的突破形态建仓 1 个单位。

如果按照趋势交易策略，虽然 2017 年 3 月 24 日的长上影线和次日的阴线都很难看，但因为股价没有触及止损点，我们仍然要保持仓位不动。在 2017 年 4 月 11 日，股价跌破 20 日均线，但因最低价 29.72 元/股未触及前一日 20 日均线的 97%（29.52 元），故不需要止损，应继续持仓。2017 年 4 月 19 日股价突破前高 32.68 元/股，此时应再次建仓 1 个单位，如图 9-11 所示。

如图 9-12 所示，格力电器的股价在 2017 年 4 月 26 日形成 34.99 元/股的阶段性高点后，又进行了回调，并在 5 月 3 日进入震荡状态。这时我们的总体思路是：在趋势形态没有被破坏的情况下仍然持有趋势头寸，如果有空间就进行震荡交易以降低持仓成本。在 2017 年 5 月 10 日有一次震荡交易的入场机会，但这次交易即使不做也无伤大雅。在经过一个月的震荡煎熬后，2017 年 6 月 8 日格力电器的股价突破前高 34.99 元/股，又一次形成了趋势建仓位，我们可以在 35.65 元/股进场，将止损点设在 32.34 元/股。

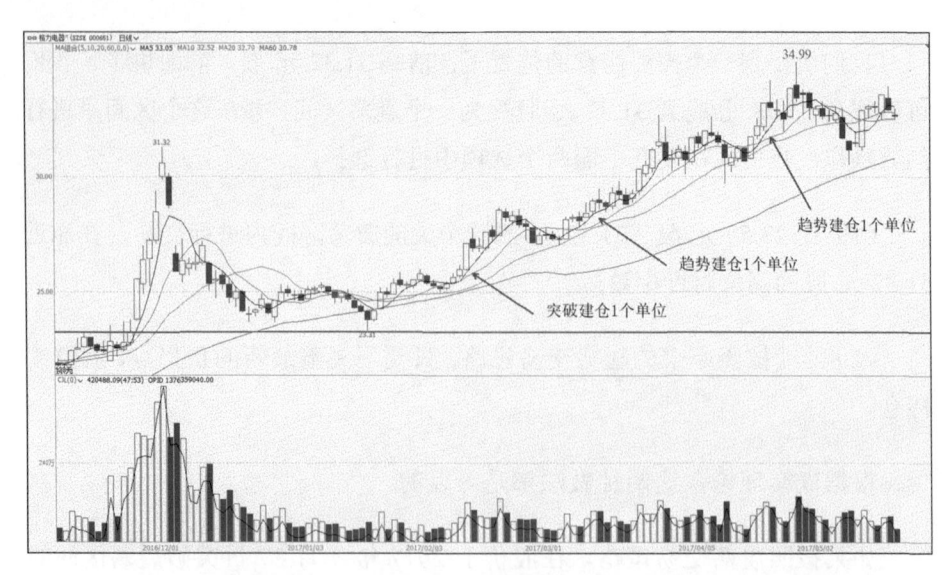

图 9-11　格力电器在 2016 年 12 月 2 日至 2017 年 4 月 26 日的交易图

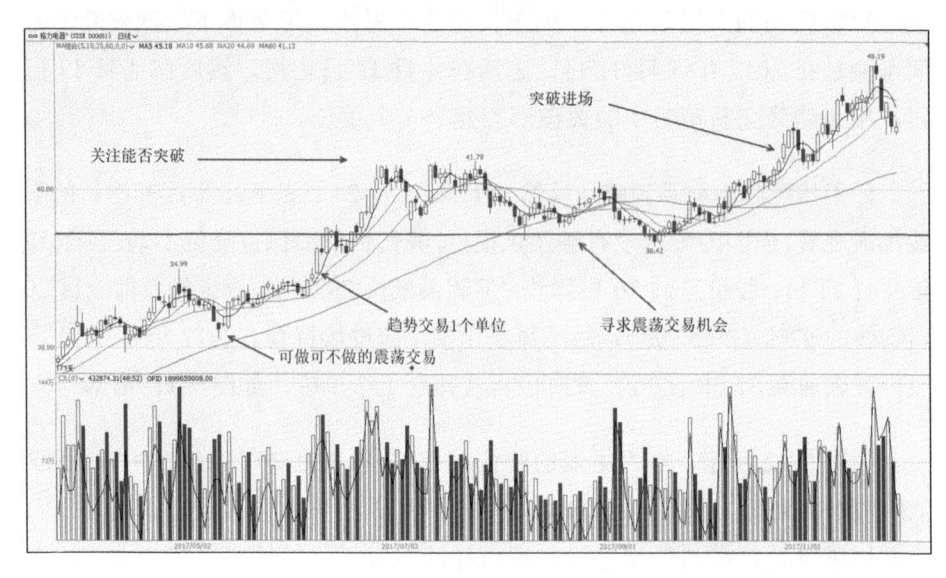

图 9-12　格力电器在 2017 年 4 月 26 日至 2017 年 11 月 22 日的交易图

进入 2017 年 7 月，短期均线出现了交叉，并且行情在形态上出现了比较明显的压力位。我们可以判断行情走势已经从趋势转为震荡，因此在 7 月 12 日平掉一部分头寸。

这里有个有趣的地方，就是如果你的头寸在 2017 年 7 月 5 日被止损，此时是不是应该回补？从走势看，7 月 5 日的股价在下跌后强烈反弹，恢复到了 37.60 元/股这个强支撑位以上，并且均线仍然向上，表明原有的趋势不变，我们应该把止损的头寸回补回来。这个做法在本书第 11 章介绍的均线交易法则中被提到，到时大家就更容易理解了。

在 2017 年 7 月 12 日以后我们又该如何进行交易？为节约篇幅，本书不再详细展开，但投资者根据嵌套理论可以按照下面的思路来进行。

由于 2017 年 7 月以后的 K 线图不是一个值得交易的形态，我们先把它看成一个震荡区间，震荡区间的下沿为 7 月 5 日的低点 37.20 元/股，上沿为 7 月初形成的 41.50 元/股附近的压力位，再寻找震荡交易的机会。直到 10 月 26 日股价突破 41.79 元/股的压力位后，我们再恢复趋势交易策略。

表 9-1 所示是本次交易的操作过程。

表 9-1 本次交易的操作过程

时间	选择策略	进场价（元/股）	建仓数量（个）	止损位（元）	出场价（元/股）	平仓数量（个）	剩余数量（个）
2016.9.2	趋势						
2016.9.27	震荡	21.70	2	20.33			2
2016.10.25	震荡				23	1	1
2016.11.23	趋势	24.2	1	22.87			2
2016.12.2	趋势				29	1	1
2017.2.13	趋势	26.5	1	24.28			2
2017.3.13	趋势	29	1	26.94			3
2017.4.19	趋势	33.20	1	30.18			4
2017.6.8	趋势	35.65	1	32.34			5
2017.7.12	震荡				41.10	2	3

第 10 章
嵌套理论的震荡交易策略

10.1　震荡交易的整体思路

根据嵌套理论，除趋势走势之外的走势都是震荡走势。当我们通过分析判断当前的走势为震荡走势时，根据嵌套理论第一定律，在入场前就要决定本次交易要按照震荡交易策略来进行操作，直到该轮震荡走势终结。

震荡交易策略在嵌套理论里具有重要的地位，因为除了在趋势走势中止时投资者要有震荡交易的思维，在趋势运行中投资者也要有震荡交易的思维。比如，趋势走势中的趋势通道，也可以被看成一种震荡。只有掌握了震荡交易策略的思维，才更容易兑现交易的利润，毕竟"趋势止损、震荡止盈"，这是嵌套理论交易结果的体现。

下面让我们来看一下在震荡走势中进行交易的整体思路。

斯坦利·克罗在《期货交易策略》一书中将震荡交易策略称为区间双重交易法，即当价格处于宽广的横向盘整期时，投资者可以进行一种叫作

第 10 章 嵌套理论的震荡交易策略

反趋势交易的游戏——当价格回调到交易区间的下沿时买入，当价格反弹到交易区间的上沿时卖出。但是一旦价格跳出这个横向盘整期，不管其往哪个方向变化，都要舍弃反趋势交易所建的仓位，顺着突破所显现的强势方向建仓。

如图 10-1 所示，在 2014 年 10 月至 2015 年 3 月，螺纹钢的市场价格处在宽广的震荡区间内。为方便起见，笔者以螺纹钢加权指数为例来阐述震荡交易策略的操作思路。从图 10-1 中我们可以明显地看出，螺纹钢加权指数的价格在大幅下跌后，反弹进入了一个盘整震荡的区间，在这个区间内，你可以采取震荡交易策略，也就是反趋势交易。2014 年 10 月 14 日螺纹钢加权指数的价格形成了第一个反弹高点，这个时候我们应当将趋势交易思维转变为震荡交易思维，可以把这个高点视为压力位，把这个位置视为震荡区间的上沿，并在这个位置考虑继续沿着原来的大趋势做空。之后，行情继续下探，当价格接近反弹前的低位时，可以先减掉在压力位新建的空单，并观察行情是继续震荡还是沿原来的趋势向下突破。2014 年 11 月 18 日，在行情向下突破后我们将震荡交易思维转为趋势交易思维进行做空，但随后的几天行情并未继续下探，反而显示有很强的支撑。这个时候我们可以思考，现在的行情真的从震荡恢复到继续下跌的趋势了吗？如果看不准，可以先平仓离场观望。2014 年 11 月 27 日，行情拉起长阳，确认向下突破失败，我们在对行情走势重新分析之后，可以认为在 10 月 14 日的高点和 11 月 21 日的低点之间构成了一个宽幅的震荡区间，我们在这个区间内按震荡交易策略进行操作，即找出震荡区间的中位线，在中位线以下做多，在中位线以上做空。但因为目前的震荡区间是嵌套于一个大的下降趋势中的，笔者建议只做一个方向，只应该在中位线以上的位置做空，不要在中位线以下做多。除非在更大的时间范围内我们看不出行情是上涨趋势还是下跌趋势，才可以进行双向操作。

2015 年 4 月 1 日，行情向下突破，我们再次使用趋势交易策略建仓做空，直至在 4 月 14 日行情强烈反弹后判断趋势中止而平仓，并开始使用震荡交易策略。等到价格反弹至原来的支撑位附近，原来的支撑位转换为压力位，根据震荡交易策略可以在此做空，并在价格再次跌到原来的反弹低点附近时平仓，等待下一次新的突破。

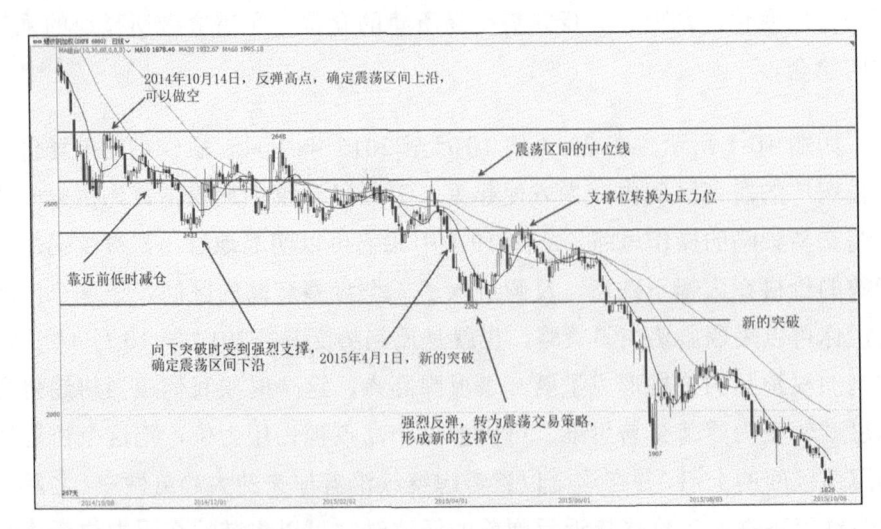

图 10-1　螺纹钢加权指数在 2014 年 10 月至 2015 年 10 月的走势

这种操作方法可以说合情合理且直截了当，它不像很多神奇的技术分析指标那样有迷人的"买卖信号"，投资者只需要根据简单的区间形态和位置就可以决定买卖。所以，一个最适当的交易方法应当是简单的，并且要融合两个层面——技术分析和交易策略。执行这种交易方法最重要的是坚定地执行纪律，这样才能在可接受的风险环境中得心应手。

下面我们来详细讨论一下震荡交易策略中的建仓、平仓、止损等技术的细节问题。

10.2　震荡交易策略的建仓

10.2.1　建仓位置的选择

在选择进场位置的时候，我们要先确定震荡区间的上沿和下沿，然后再找出中位线，遵循"线下做多、线上做空"的原则进行交易。对股票交易而言，则是"线下建仓、线上平仓"。

图 10-2 所示是玻璃加权指数在 2017 年 11 月至 2018 年 4 月的走势。玻璃加权指数在经过一轮上涨趋势后，在 2017 年年底形成了以 1500 元/吨为压力位、以 1440 元/吨为支撑位的震荡区间。在进入 2018 年后，我们就可以在这个震荡区间内找出中位线，在中位线以上靠近上沿的位置做空，或者在中位线以下靠近下沿的位置做多。

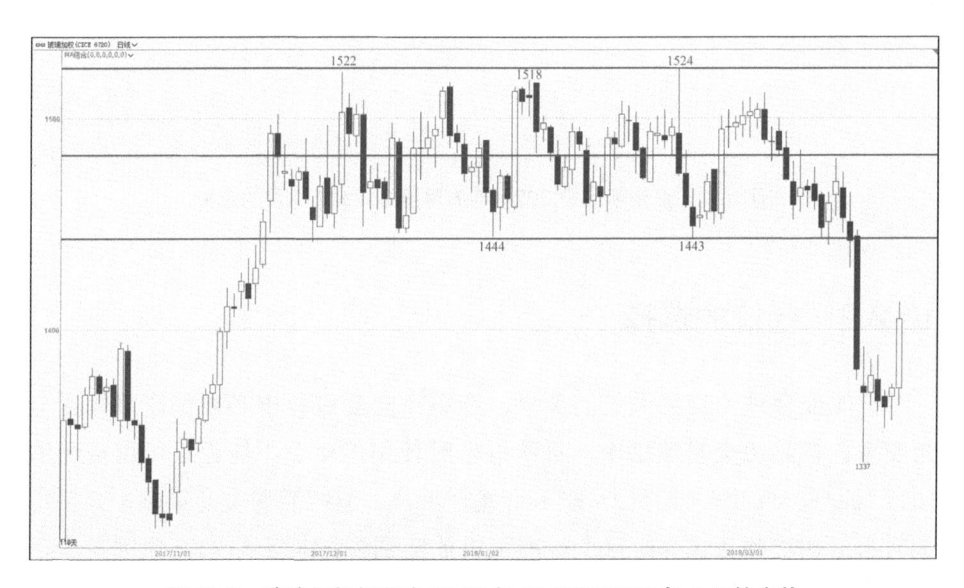

图 10-2　玻璃加权指数在 2017 年 11 月至 2018 年 4 月的走势

图 10-3 所示是贵州茅台在 2020 年 7 月至 2021 年 1 月的走势。贵州茅台的股价在经过一轮上涨趋势后中止，形成了以 7 月 13 日的 1746.03 元/股为高点、以 7 月 24 日的 1544.03 元/股为低点的震荡区间，中位线为 1645.03 元/股。那么在后面的交易日，我们可以在中位线以下的区域建仓买入，在中位线以上的区域减仓，直至股价上涨突破横盘区间后转为按趋势交易策略建仓。

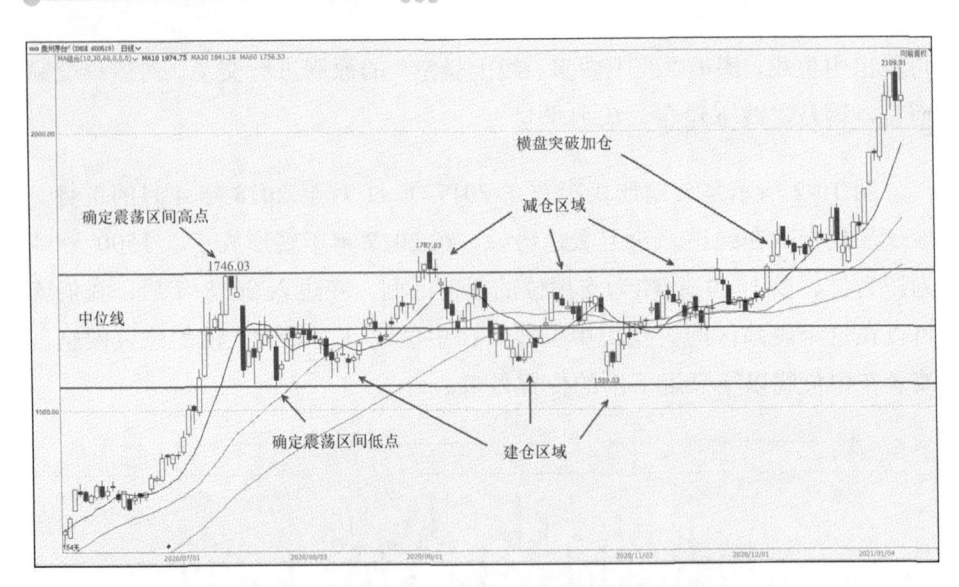

图 10-3　贵州茅台在 2020 年 7 月至 2021 年 1 月的走势

10.2.2　仓位的选择

　　按照嵌套理论交易系统的要求，在整个交易过程中必须保证整体资金的安全。在趋势交易策略中，每次进场时使用的资金不能超过可用资金的 10%（股票）或 3%（期货），即 1 个建仓单位。但在震荡交易策略中，在空仓状态下初次顺势建仓时这个标准可以放宽到 2 个建仓单位。其原因在于，我们要在震荡区间内进行平仓操作，手中至少要保留 1 个单位的顺势头寸。在后续阶段，当我们手里已经持有 1 个单位的头寸时，下次建仓就只能再建仓 1 个单位的头寸了。注意，建仓 2 个单位的前提是"空仓、顺势"，如果目前的震荡走势是混沌的，在大周期上也看不出是否存在趋势，那么即使你空仓，也只能建仓 1 个单位，这是交易一致性的体现。

　　比如，你用 20 万元资金进行股票交易，那么一个安全的建仓单位就是 2 万元。在股票上涨时的震荡区间内进行震荡操作时，如果你目前的持仓状态是空仓，可以建仓 2 个单位，即 4 万元；如果你目前已经持有 1 个单位的股票，那么就只能再建仓 1 个单位，即 2 万元。在股票下跌时形成的震荡空间内，原则上不抄底做反弹，只有在股票走势横向走出了下跌趋势通道的情况下，才可以在震荡区间的底部建仓 1 个单位。

10.3　震荡交易策略的平仓

当你采用震荡交易策略进行交易时，从技术上讲平仓还是比较容易的，难的是要克服自己的贪欲。

当你根据嵌套理论第一定律进行一次震荡交易时，在进场之前就应该预判这次交易的大致区间，并且根据嵌套理论第三定律，采用震荡止盈不止损的平仓策略（只有走势反向有效突破震荡区间才止损）。比如，你想在震荡区间内做空，就应当等待时机，在震荡区间的中位线以上的位置建仓，这样出现浮盈是大概率的事件。当出现浮亏时，根据嵌套理论第三定律，你可以死扛，不必平仓，在震荡区间上沿被有效突破后，再平仓止损，甚至反手（需要根据基本面、技术面综合判断）。因此，震荡交易策略的平仓方案是简明、清晰的。只要走势形成了宽幅的震荡区间，我们就可以在这个震荡区间内寻找一根中位线，并在中位线上做空，在中位线下做多。只要价格的波动不突破这个震荡区间，即使有浮亏也不用止损。

如果你使用震荡交易策略做多，行情如你所愿上升，你的浮盈会不断扩大，那么此刻你是不是会非常希望这次震荡行情演变成一次趋势行情，并带给你超预期的利润呢？这个时候本该主动进行的平仓止盈操作却因为你的心态变化，而没有被执行。

的确，这种心理大家都会有，但现实常常是这样的：行情在不断上涨，当你正期望它突破震荡区间的上沿时，它却回落了；当你希望这是一个微弱的回调，并期望行情会再继续上扬，但偏偏事与愿违，回调变成了下跌，又跌回了你做多建仓的位置以下，原有的盈利变成了亏损，一场空欢喜。

所以，当价格已经临近震荡区间的上沿时，你要做的是准备随时平仓。以期货交易为例，在价格上涨 2% 的情况下，在其回调 1% 后应该平仓，并且随着行情的不断上涨,你也要不断调整止盈标准,确保这场战役以盈利收官。如果行情在你平仓后继续上涨,并形成一次向上的突破,你可以顺势重新进场,并按照趋势交易策略进行操作;如果行情继续回调,那么你刚才的平仓行为保住了利润,你所要做的就是继续等待价格回到中位线以下,再伺机做多;如果行情维持原状,你就继续等待吧。

如果你的浮盈不到2%,那么你应随机应变,也许在浮盈到了1%后价格就不再变动了,及时收割利润就行。因为你本来就是按震荡交易策略进行的交易,能够顺利收割利润就是完成了计划。多品种的操作策略,可以让你在市场中随时发现可以交易的品种。

对股票交易而言,上述2%和1%的浮盈比例过低,一般10%和5%比较合适。

另外,如果不看浮盈比例,根据回撤点数来决定止盈也是一种可以考虑的方法。比如,菜粕、螺纹钢在快速上涨后回撤10个点,你可以考虑平仓。平仓后紧盯这两个品种,一旦调整结束再回补仓位。对于其他品种,如铁矿石、棕榈油、塑料等,你都可以摸索一下它们的规律。对于股票交易,也可以采取类似的做法,在股价回撤一定的幅度后平仓。这种平仓方法属于经验的范畴,不一定能保证非常准确,但是可以保护你的利润。不要怕丢掉筹码,因为你在入场时采取的就是震荡交易策略,有收获还不好吗?毕竟你同时可以做很多个品种,完全可以把资金腾出来用到别处。需要注意的是,这种盈利回撤平仓是在实施震荡交易策略中的情形,如果在趋势交易中出现盈利回撤,则要关注行情是否已经进入趋势中止状态。一旦行情中止进入震荡状态,你要及时转变到震荡交易策略上来;如果行情尚未中止,则继续持仓,止损不止盈。

10.4　震荡交易策略的止损

笔者在本书第5章中讲过,如果行情一直在震荡区间内波动,你不应

第 10 章 嵌套理论的震荡交易策略

该止损,而应该止盈。

如图 10-4 所示,如果你在这个下跌趋势中形成的震荡区间内开了菜粕的空单,哪怕暂时出现了浮亏,但因为行情一直在这个区间内波动,也没有必要去止损。

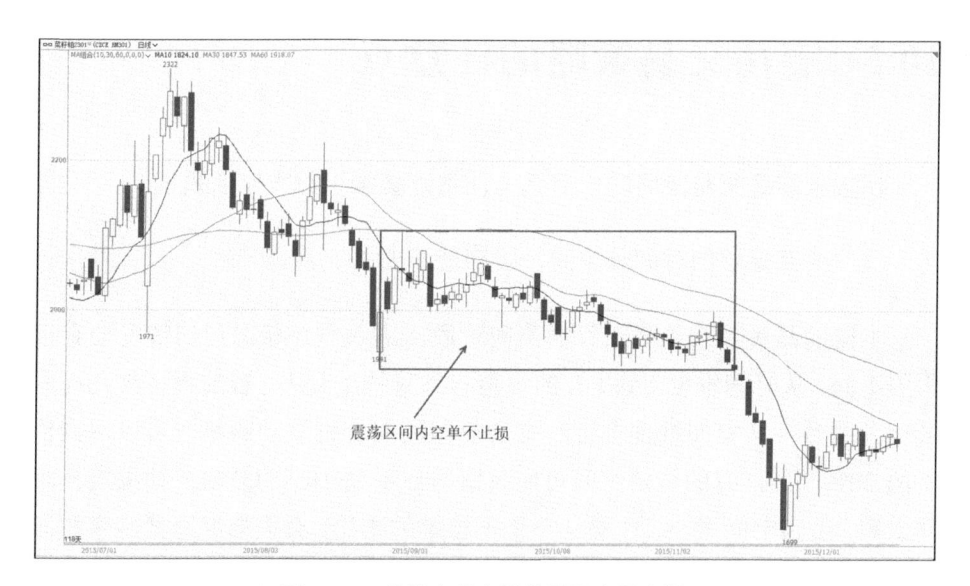

图 10-4 菜粕空单在震荡区间内不止损

关于震荡交易策略的止损方法,有人建议按能够承受的总损失来定。比如,斯坦利·克罗建议在设立止损点的时候,应该先考虑自己愿意在所建仓位上承担多少总损失,再看进场点在哪里,止损点就设在万一发生损失,损失金额等于自己愿意承担的总损失的地方。本书介绍的嵌套理论交易系统采取的是有效击破止损关键位的止损法,即先在震荡区间的上下沿的外侧设定好止损点,然后再根据自己所能承受的总损失和入场的点位,来倒推所交易的手数。

比如,在图 10-1 中,你准备在震荡区间的下沿做多,止损点在 2400 元,你所能承受的损失是 5000 元。如果你在 2450 元的位置做多,只能做 10 手;如果你在 2420 元的位置做多,则可以做 25 手。当然,这个建仓手数仍然要和本书第 8 章的仓位管理要求结合起来。对新手来说,直接按照标准单位建仓就行。

因此,震荡交易策略止损的关键就在于根据嵌套理论第三定律找到止损点,然后坚决执行。

10.5 震荡交易策略的注意点

在实施震荡交易策略时,有几个注意点必须引起大家的重视。

(1)要有足够的时间和空间,否则就不要去交易。

不同的品种,在趋势运行的不同阶段,进入震荡状态后的情况会有很大的不同。从时间维度上讲,有的震荡状态只持续几天,有的会持续几周,甚至几个月;从空间维度上讲,有的震荡区间价格波动的幅度可以达到价格的20%以上,有的震荡空间可能只留给你不到10%的波幅。如果震荡时间太短,震荡空间太小,这就是一个不稳定的结构,会大幅度降低胜率和盈亏比,因此就不要去做,可以换一个交易品种或者继续等待新的机会。如果震荡区间比较大,那么你可以考虑在这个嵌套的震荡区间内使用趋势交易策略。

(2)注意止盈,不要贪心。

根据嵌套理论第一定律,你在进场时采用的是震荡交易策略,所以要按照震荡交易策略的要求平仓,也就是止盈不止损,除非行情已经触发了止损点。因此,一旦进场的头寸有了浮盈,就要进行盈利保护,这是和趋势交易策略完全不同的思路。趋势交易策略要求在进场后不考虑止盈,只观察走势是否进入了趋势中止状态或者是否触发止损点,只有在产生这两种情形时才平仓,而不是为了兑现利润而平仓。

请千万记住:趋势止损,震荡止盈。只有落袋为安的钱,才是你真正赚到的钱。

第4篇 应用篇

第11章 嵌套理论交易方法同其他常见交易方法的比较

本章通过把嵌套理论交易方法同其他常见交易方法进行比较的方式，让读者更深刻地理解嵌套理论的交易思想，最终达到掌握各种交易技巧的目的。

11.1　均线交易法

均线交易法是初学者比较容易掌握且喜欢使用的一种交易方法。均线交易法最简单的交易法则是"在移动平均线上做多，在移动平均线下做空""短期均线在长期均线之上做多，反之做空"等。但实际上，如果你真在实践中严格这么做，效果并不一定很好，并且真正的均线交易法也并不完全是"在移动平均线上做多，在移动平均线下做空"这么简单，否则你就无法解释格兰维尔八大交易法则中的价格跌破上扬的均线反而要买入的做法。本节将从嵌套理论的角度出发来讲解均线交易法的精髓。

11.1.1　均线交易法使用的前提

笔者在本书第 7 章中已经讲过，移动平均线是一个趋势指标，因此，如果行情走势处于震荡区间，就不能使用移动平均线来作为操作依据。只有当移动平均线突破震荡区间且形成多头排列或者空头排列时，才可以使用均线交易法。

如图 11-1 所示，行情先表现出一段多头排列，在经过高位震荡后又表现出一段空头排列。我们只有在行情走势出现多头排列或空头排列时才可以考虑使用均线交易法。当均线发生纠缠，多（空）头均线排列不整齐时，不能使用均线交易法。

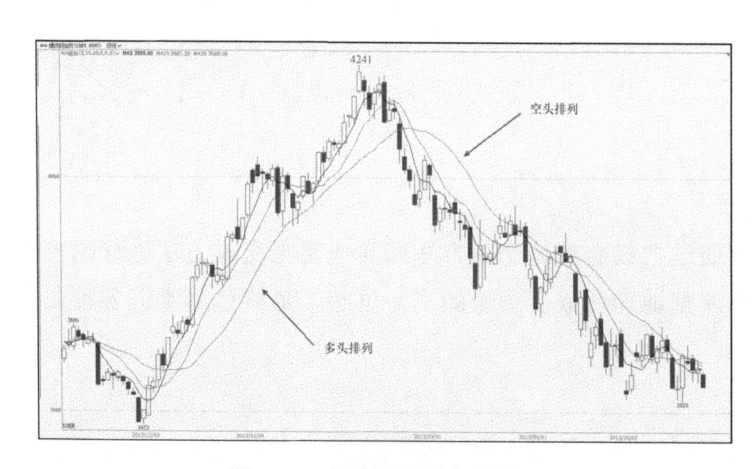

图 11-1　多头排列和空头排列

11.1.2 格兰维尔移动平均线交易法

格兰维尔移动平均线交易法是格兰维尔在均线理论中提到的八种买卖法则，一般称为格兰维尔八大交易法则（见图11-2）。

（1）价格突破从下降转为走平又走成上扬的均线时买入；

（2）价格虽跌破上扬的均线，但又调头走到均线以上时买入；

（3）价格回撤得到均线的支撑时买入；

（4）价格暴跌后乖离率过高时买入；

（5）价格跌破已经开始下降的均线时卖出；

（6）价格反弹突破下移的均线但随即回头跌破均线时卖出；

（7）价格反弹但受到下移均线压制无法突破时卖出；

（8）价格暴涨后乖离率过高时卖出。

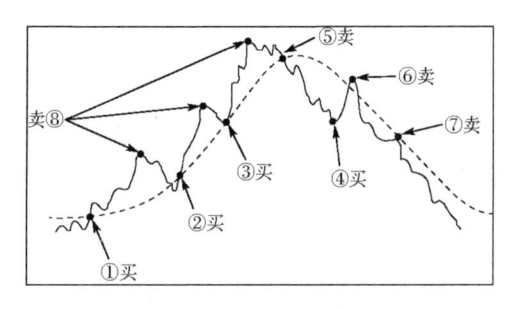

图 11-2　格兰维尔八大交易法则

11.1.3 嵌套理论对格兰维尔八大交易法则的解读

格兰维尔八大交易法则可以用嵌套理论进行完美的解释，并且符合嵌套理论的交易策略。

在图 11-2 中，左半部分是上涨趋势，右半部分是下跌趋势，为简洁起见，笔者仅对其中的上涨趋势部分用嵌套理论进行分析和说明。

（1）当移动平均线开始从下降转化为走平上扬，并且价格上穿移动平均线时，从走势上可以看出，行情已经在价格上穿移动平均线的同时突破了震荡区间的上沿，这个时候，我们判定震荡行情已经结束并可能开始了新的趋势阶段。因此根据嵌套理论第一定律，我们此时应该采用趋势交易策略，并按趋势交易策略的突破买点建仓法在位置①进场做多。

（2）当价格运行到⑧时，行情走势的斜率过高、乖离率过高，属于那种已经走过了一轮流畅行情的情形。当出现价格回落时，我们可以认为是趋势中止的震荡阶段（趋势嵌套震荡），可以根据嵌套理论第二定律，将趋势交易策略改为震荡交易策略，进行减仓（但不反手做空），并准备寻找价格支撑位。

（3）当价格走到②时，我们看到价格在经历了阶段低点以后，以再次上穿上扬的均线的形式表明该低点的价格受到了支撑，形成了震荡区间的下沿，于是我们按照震荡交易策略买入建仓，回补多单，继续做多，或者按照趋势交易策略的回调确认点的位置买入建仓。由于目前走势属于趋势嵌套震荡的行情，总体上以持有多单为大原则，在接近前高时注意观察，不要急于平仓。如果价格突破第一个⑧，表明这个震荡区间已被突破，就要恢复趋势交易策略，继续持有仓位。

（4）当价格往③回撤时，仍然可以按照趋势嵌套震荡的思路先减仓。当价格受到③支撑时，则可以在这个震荡区间的底部建仓。这里正属于本书第 9 章介绍的"上涨趋势的回调点"这个建仓点。

（5）当价格运行到⑤时，可以通过高位震荡区间的下沿被击破、均线呈空头排列、价格有效下穿长期均线等方式确认上涨趋势终止，平掉全部多单，下一步可考虑采取做空策略。

由此可见，嵌套理论交易系统可以跟格兰维尔移动平均线交易法完美地契合。

11.2 三重滤网交易系统

三重滤网交易系统是亚历山大·埃尔德在《以交易为生》一书中提出的一种深受市场重视的交易系统。三重滤网交易系统同时采用数种顺势的方法与逆势的技巧，用数个不同的时间周期来分析潜在的交易机会。

三重滤网交易系统首先分析长期走势图，这个长期走势图要比你进行交易的时间周期高出一个层次。比如，大多数的投资者都是以日 K 线为交易周期的，那么第一重滤网的分析对象就是周 K 线。一般而言，投资者在任何时候都有三种交易方法可以选择：做多、做空或观望。

第一层滤网：剔除其中一个选择。在主要的上升趋势中，你仅可以做多或观望；在主要的下降趋势中，你仅可以做空或观望。你必须顺着趋势的方向前进，否则不要下海。

第二层滤网：运用日 K 线的震荡指标，在周 K 线的上升趋势中，利用日 K 线的跌势寻找买进机会；在周 K 线的下降趋势中，利用日 K 线的涨势寻找卖出机会。用俗话来说，就是"顺大势、逆小势"。

第三层滤网：如果周 K 线的趋势向上而日 K 线的震荡指标向下，则利用追踪价格的方式捕捉盘中向上突破买入的机会；如果周 K 线的趋势向下而日 K 线的震荡指标向上，则利用追踪价格的方式捕捉盘中向下突破卖出的机会。

以周 K 线的趋势向上为例，我们将日 K 线出现震荡指标下降作为准备买进的信号，然后采用追踪价格的方式观察并准备买入，买入价位设定在前一天高价上方一档处。如果价格上涨达到预设目标，我们就建立多头仓位；如果价格继续下跌，原先设定的价格没有被触发，则在下一个交易日将价位调降到最近高价的上方一档。换言之，持续调降准备买进的价位，直到买入价格被触发建仓或者周 K 线指标反转而买进信号无效为止。这个原理就是如果价格能够超过前一天的高位，则意味着日 K 线级别的下跌结束了，日 K 线级别将恢复上涨并和周 K 线级别同步。

在你学习了嵌套理论的"趋势嵌套震荡"的规律后，再根据嵌套理论来解读三重滤网交易系统，就会很容易理解亚历山大·埃尔德的操作思路。

当我们判断现在行情的走势是上涨趋势时（第一重滤网），我们要解决的问题是等待一个合适的进场点。我们不应当随意地追高这个进场点，而应在趋势嵌套震荡的回调期间择机进入（"三重滤网"中的第二重滤网），也就是本书第 9 章提到的斯坦利·克罗所推荐的"上涨趋势的回调点"的建仓方式，真正建仓的时机则是在震荡区间内寻找到合适价位的时候。只不过亚历山大·埃尔德选择的进场点以突破前一日的高点为标准，而嵌套理论选择的进场点以震荡区间的底部被确认为标准。显而易见，三重滤网交易系统的入场点虽然和嵌套理论推荐的入场点略有不同，但其思路是一致的，即需要确认下跌的结束。三重滤网交易系统在盘中价格突破前一日的最高价后才认为下跌结束，而嵌套理论在低点被确认后才认为下跌结束。

另外，根据三重滤网交易系统的第一重滤网的要求，在行情上涨时你只能选择做多或者观望，排除了做空的可能性。这和嵌套理论交易系统一直强调的"即使你采用震荡交易策略，也只可以顺着原趋势的方向进行操作，而不要逆大势操作"的思想是完全一致的。

11.3 箱体理论

所谓箱体理论，是指股票或商品期货的价格在运行过程中形成了一定的价格区间，价格在这个区间内波动时，就形成一个价格运行的箱体。当价格滑落到箱体的底部时会受到买盘的支撑，当价格上升到箱体的顶部时会

第 11 章　嵌套理论交易方法同其他常见交易方法的比较

受到卖盘的压力。一旦价格有效突破原箱体的顶部或底部，就会进入一个新的箱体里运行，原箱体的顶部或底部将成为重要的支撑位或压力位。

箱体理论是嵌套理论交易系统重要的依据之一，在一个趋势运行过程中，每一次嵌套的震荡，都有可能构成一个箱体。

如图 11-3 所示，螺纹钢指数在从 4000 多点下跌到 1616 点的过程中，先后形成了多个震荡箱体。根据嵌套理论的交易策略，在大趋势是下跌的情况下，应该全程采取做空的策略，即在每个箱体内都采用震荡做空的交易策略。

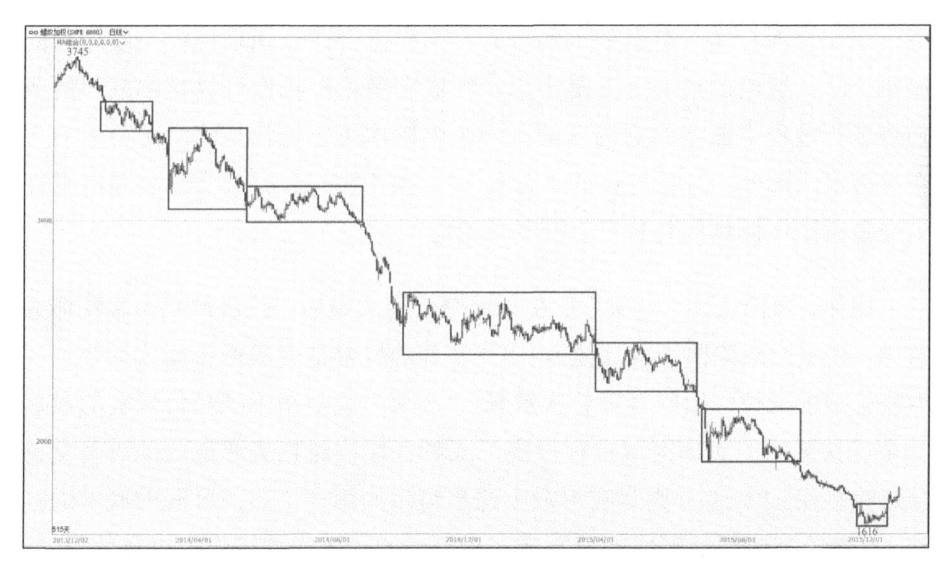

图 11-3　螺纹钢指数在下跌过程中先后形成了多个震荡箱体

在实际操作过程中，我们要在趋势运行过程中寻找一个又一个箱体，在明确总的趋势走势的情况下，在每一个箱体中寻找单向震荡交易机会。

本书在第 5 章、第 10 章详细讲解了在震荡区间的交易方法，相信读者已经充分理解了嵌套理论跟箱体理论的紧密联系，这里就不再重复了。

11.4 缠论

缠论是带有某种神秘气息的交易理论，加上原作者在很多地方语焉不详，导致投资者在学习过程中很难理解。但从投资者关注的重点来看，他们学习缠论的目的无非就是希望能够学会如何寻找买点，因此本节就将缠论推荐的几个买点同嵌套理论的买点进行比较说明。

缠论注重形态，而嵌套理论也是以形态学为基础的，运用嵌套理论的第一步就是分析目前的走势和形态；缠论涉及动力学知识，而嵌套理论把每一次加仓都看作一个新的入场行为，同样符合在长期趋势中不断加仓的操作手法；缠论的核心之一是中枢，在嵌套理论中我们可以把中枢理解成趋势运行过程中嵌套的震荡区间，一个中枢本质上也就是整个走势中的一个震荡组成部分；缠论提到的"一买""二买""三买"，其实也就是嵌套理论交易系统中提到的几种可以交易的形态。

比如，缠论认为"一买"是在利用空头模式最后一次缠绕后，急跌形成背驰，构成空头陷阱而抄底进入；"二买"的位置是变成多头模式后第一次缠绕形成的低位。用嵌套理论来解释，"一买"就是在下跌趋势嵌套的最后一个震荡区间的底部区域进行抄底，或者直接按照趋势通道内的震荡交易策略来抄底；"二买"则是在形成上涨趋势后的第一个震荡区间的底部进行买入。缠论把急跌后形成的背驰或多头模式的第一次缠绕作为进场的信号，同时需要观察量能指标；而嵌套理论则直接采用震荡交易策略或趋势交易策略，并按照系统给出的建仓信号买入。

图 11-4 所示是《缠中说禅——教你炒股票》一书用于解释"一买"和"二买"的示意图。其使用了空头模式、缠绕、急跌、背驰、斜率、中继、多头模式和量能等概念来解释"一买"和"二买"的位置。

第 11 章 嵌套理论交易方法同其他常见交易方法的比较

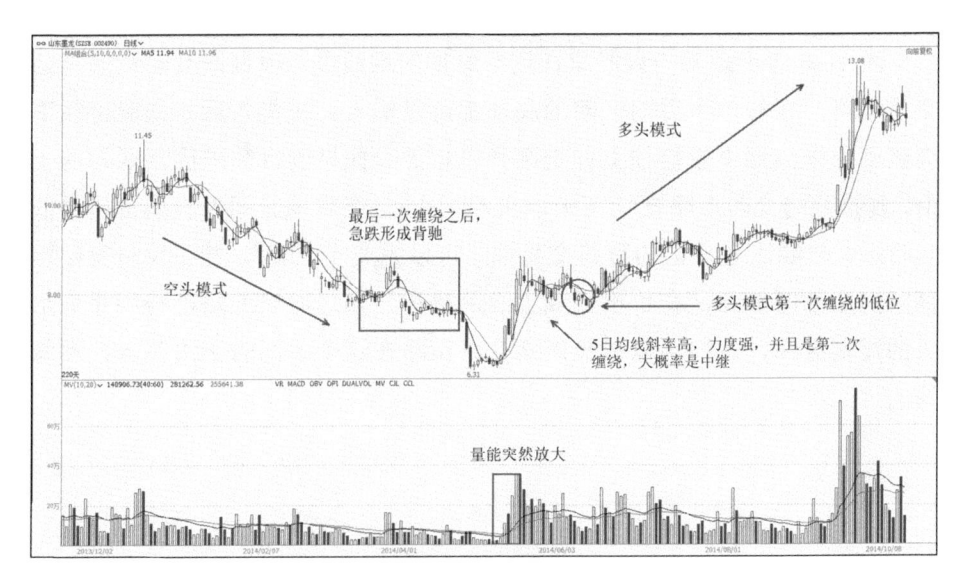

图 11-4 缠论的"一买"和"二买"

图 11-5 所示是图 11-4 所示的股票在同一时期的趋势通道。根据嵌套理论的震荡交易策略，投资者完全可以在趋势通道的下沿买入，完成缠论的"一买"。

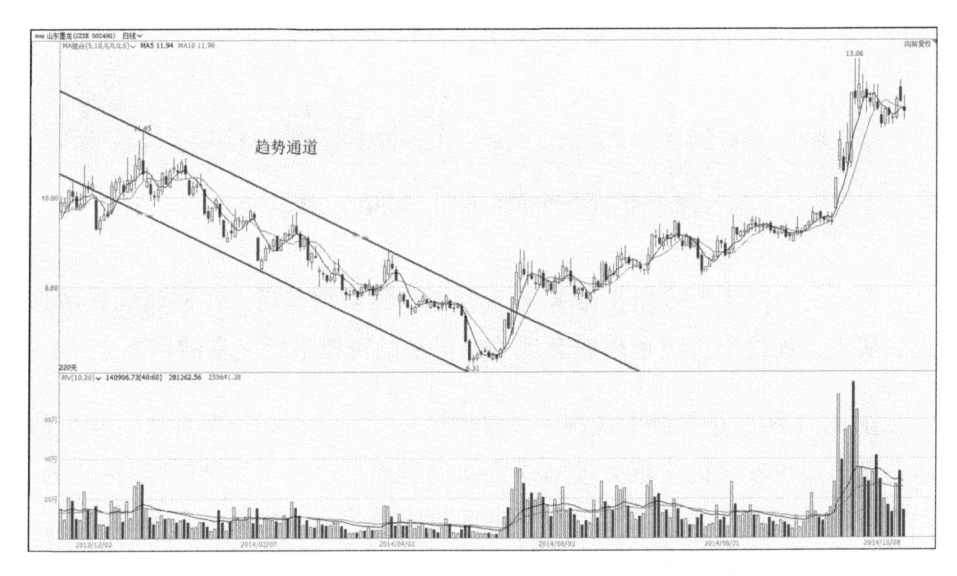

图 11-5 图 11-4 所示的股票在同一时期的趋势通道

金融市场交易策略——嵌套理论

图 11-6 所示是同一只股票在同一时期的均线图。根据嵌套理论的震荡交易策略，在每一个震荡区间的底部都可以买入。在买入后如果股价往下突破则止损，如果股价往上行走则择机止盈。如果股价突破震荡区间的上沿，则按趋势交易策略在新突破点买入。因此，在震荡区间内股票价格最低点附近，按照嵌套理论的震荡交易策略可以完成"一买"，并在价格突破震荡区间底部时加仓。在价格形成上涨趋势后，随之而来的是趋势中止后形成的震荡区间，我们可以按照震荡交易策略在这个区间的下沿买入，即缠论的"二买"。

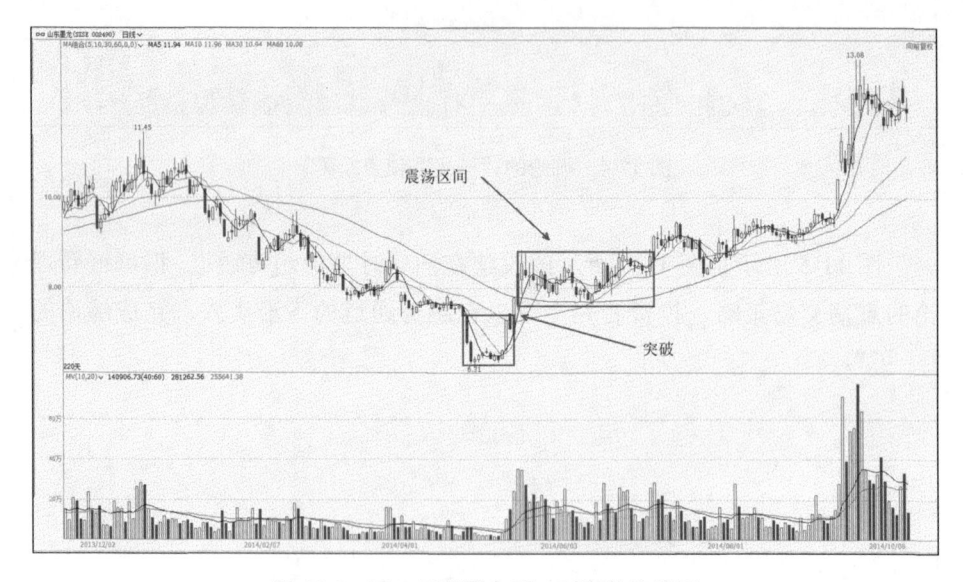

图 11-6　同一只股票在同一时期的均线图

缠论的"三买"是指在日 K 线级别的中枢被突破后，经回调确认所形成的买点，而这个买点也是嵌套理论所提到的可以进行交易的形态之一。

图 11-7 所示是《缠中说禅——教你炒股票》一书用于解释"三买"的示意图，股价在突破中枢并被回踩确认后形成了"三买"。嵌套理论认为，在股价突破震荡区间的上沿后投资者即可进场建仓，如果经过回踩确认，就更证明了突破的有效性，投资者完全可以进一步加仓。

第 11 章 嵌套理论交易方法同其他常见交易方法的比较

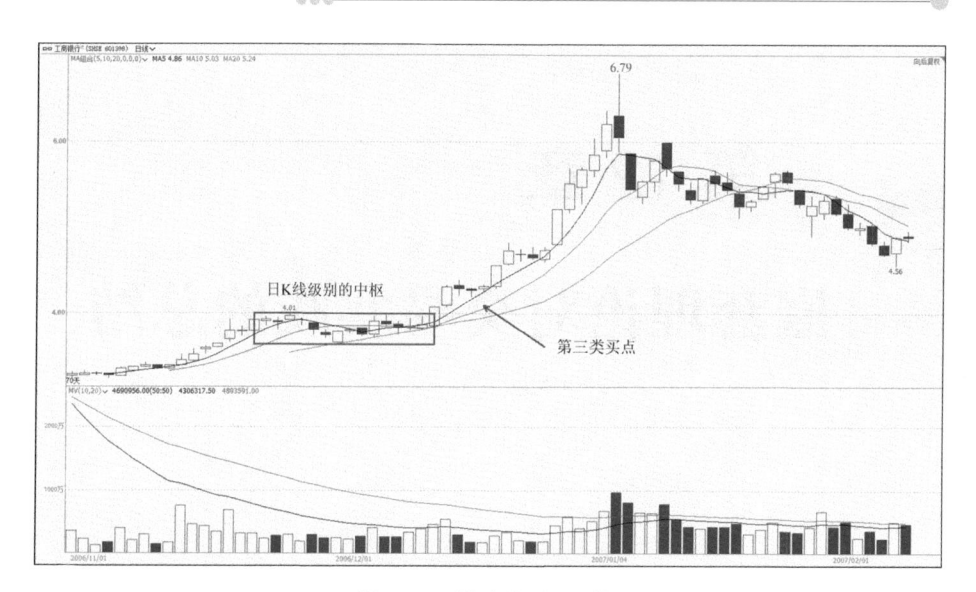

图 11-7 缠论的"三买"

通过对嵌套理论和其他常见交易方法的比较，我们可以看出，投资者不论采用那种交易方法，在完善了自己的交易体系后都可以获得很好的投资回报。但嵌套理论更加简洁、易懂，可以让投资者一通百通，适合各种水平的投资者。

第 12 章
嵌套理论对交易实践的总结

嵌套理论自始至终都是围绕着交易实践展开的。在读者已经对嵌套理论交易系统及其他主流交易方法有了一定了解的基础上，本章主要用嵌套理论对投资者在交易实践中可能会碰到的几个问题进行归纳总结，也可以说是笔者近三十年投资交易生涯的经验总结。

12.1 要和强者站在一起

在交易中和强者站在一起，意味着你会有更多的队友。比如，目前的行情是趋势走势，你如果进行顺势交易，就是和市场上大多数的资金站在一起，成功的可能性自然会更大一些；相反，你如果进行逆势交易，就是在和市场为敌，无异于螳臂当车。

和强者站在一起的另一种理解是，你要保留赚钱的头寸，抛弃亏损的头寸。这种思维模式在平时很好理解，比如你开了两家饭店，一家赚钱，一家亏钱，你会怎么办？相信很多人的做法都是扩大赚钱那家店的规模，早点把亏钱的那家店关了。但到了股票、期货市场上，怎么就会有很多人先平掉盈利的头寸，而把亏损的头寸死死拿在手里不放呢？这种有了蝇头小利就立刻兑现、有亏损则死扛的做法，不单是很多新手的做法，甚至还是一些做了几十年交易的投资者的做法。坚持保留盈利头寸、坚决止损的做法，是业余交易和专业交易的一道分水岭。

投资者在懂得了要和强者站在一起的道理之后，随后要考虑的就是如何找到强者。

对于股票来说，因为只能做多，所以我们要考虑的问题就是如何选择最强的板块去做最强的股票。

几乎所有的交易软件都有当日的热门板块排行榜，我们只要打开软件，进入热门板块这一栏，就能对当日涨幅排行靠前的板块一目了然。但我们并不是简单地在这些板块中挑选股票，我们要先看这个板块的K线图走势是不是处于上涨趋势，如果不是，则这个板块还处在震荡之中，只是当天因为某些偶然的因素才进入热门板块排行榜，因此这样的板块的持久性未必好，它不是我们应该选择的对象。但如果该板块的走势已经呈现出强势状态，那么这个板块的股票，特别是龙头股，就是我们可以优先考虑的目标了。

图12-1所示是某交易软件在2022年3月22日的热门板块排行榜。在该热门板块排行榜中我们可以看到，房地产服务板块的涨幅达5.97%，列居第一，显然是我们首先应该关注的对象。我们再看图12-1右侧该板块的K线图走势，可见板块指数在最低点处跳空高开后已经连续走了4根阳线，并且同时伴随着成交量的放大，价涨量增，可以说走势非常健康。

在确定了可以交易的板块之后，我们再来选择这个板块里可以交易的股票。我们先来看一下其中的涨停股票——世联行。从世联行的K线图来看，它的走势已经突破了前面震荡区间的压力位，出现了下跌趋势终止并转为上涨趋势的形态，这是嵌套理论推荐的值得交易的形态，因此我们可以把世联行放入自选股并在次日观察其是否仍然强势。第二天，世联行跳空高开，强势不改，我们可以进场建仓一个单位，设置一个合理的止损点。

随后几天，世联行的走势如图 12-2 所示。

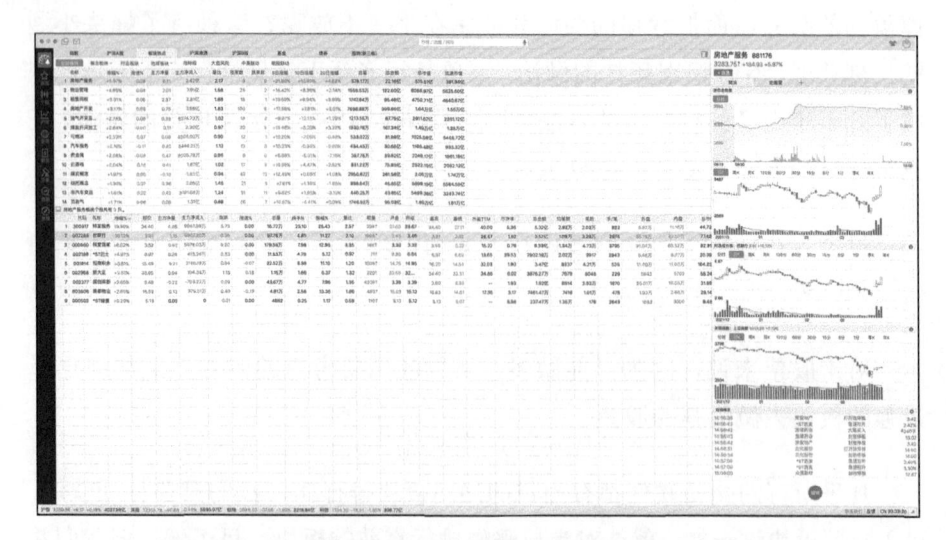

图 12-1　某交易软件在 2022 年 3 月 22 日的热门板块排行榜

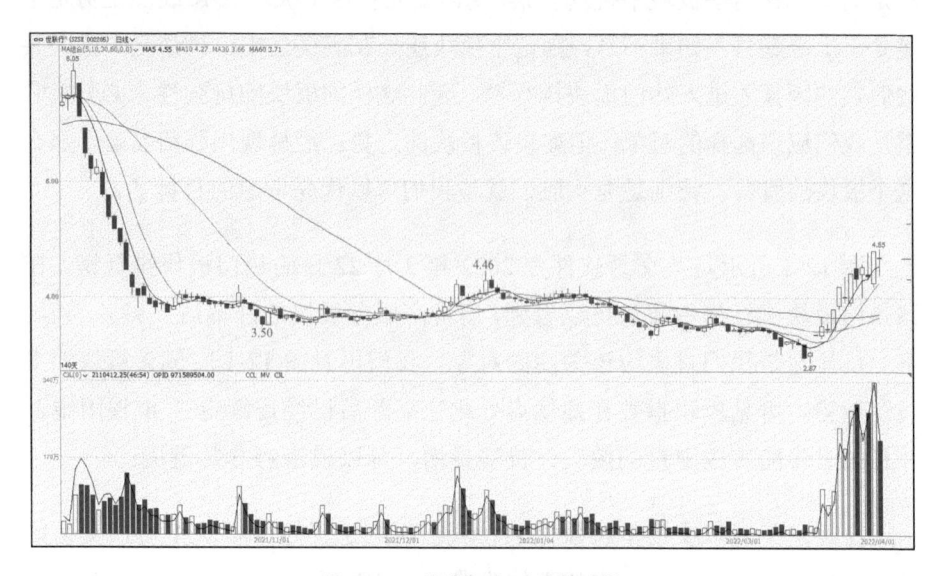

图 12-2　世联行突破后的走势

但对股票交易来说，如果大盘的走势不好，那么即使某个板块的走势很好，也是存在着系统性风险的，"覆巢之下，焉有完卵？"因此，如果大盘走势处于明显的下跌趋势，即使有强势的板块，我们也宁可不做。只有当

第 12 章 嵌套理论对交易实践的总结

大盘走势处于上涨趋势或震荡走势时,选择强势板块来进行操作才有意义。

对商品期货来说,同样应当选择强势的板块来进行交易,不过期货交易中的强势包括了涨和跌两个方向。笔者在拙著《期货操作策略》中曾推荐了一种强弱对比法,在此简单介绍一下。

强弱对比法的全称是"全景式对比强弱看盘法",即在交易软件的自选界面,将拟交易的各品种按类别归类,通过观察量能增加、买卖力量对比和价格移动方向,来判断当天哪个品种(板块)处于强势或弱势,如图 12-3 所示。核心是要看各个品种的关联情况(所以要求把各个品种按板块集中排列),通过对比各个品种的强弱,很快就可以发现哪些品种是空头的主力,哪些品种是多头的主力。

合约名称	最新	涨幅	涨跌	现手	买价	卖价	买量	卖量	成交量	持仓量	日增仓
↓美豆指数	879.2	-0.07%	-0.6	12	----	----	----	----	88245	687726	0
↑豆一1601	3915	0.36%	14	2	3915	3916	1	26	2424	57698	-540
↑豆一1605	3740	0.16%	6	12	3740	3741	8	83	27266	208610	-1540
↑玉米1601	2027	1.35%	27	120	2027	2028	209	215	65282	165516	-11688
↑玉米1605	1899	1.33%	25	6	1898	1899	51	878	725926	1319560	-23812
↑玉米1609	1778	0.91%	16	16	1777	1778	11	1971	143520	353092	-5890
↑郑棉1601	12220	0.16%	20	10	12205	12220	10	14	4224	152846	-1192
↓郑棉1605	11700	-0.17%	-20	14	11695	11700	25	29	55704	376734	1070
↓菜粕1601	1786	-1.05%	-19	4	1786	1787	494	108	250826	318724	2196
↓菜粕1605	1862	-0.32%	-6	4	1861	1862	312	32	173628	299222	17986
↓豆粕1601	2433	-0.08%	-2	4	2432	2433	1	5	91718	662740	-5104
↓豆粕1605	2349	-0.42%	-10	2	2349	2350	363	360	472688	1632678	1014
↑淀粉1601	2289	0.88%	20	6	2288	2289	102	1	115754	89714	-3086
↑淀粉1605	2203	1.66%	36	50	2202	2204	133	131	903890	471606	15352
↑淀粉1609	2103	1.59%	33	26	2101	2103	2	322	54080	171268	11944
↓白糖1601	5557	-0.23%	-13	6	5555	5557	41	77	125418	388722	-4726
↓白糖1605	5544	-0.38%	-21	46	5544	5545	1	41	475102	770616	5504
↑郑麦1601	2816	0.18%	5	2	2815	2818	6	5	1464	9252	-502
↓郑麦1605	2818	-0.07%	-2	2	2818	2819	1004	3	4720	45894	1198
↑玻璃1601	895	0.45%	4	8	894	895	67	138	66228	177668	5176
↓玻璃1605	802	-0.50%	-4	2	802	803	232	31	39730	137006	4856
↓螺纹1601	1646	-0.84%	-14	8	1646	1647	13	74	181344	782670	86
↓螺纹1605	1657	-0.66%	-11	6	1656	1657	1257	102	1514982	2984226	-12534
↑铁矿1601	334.0	0.45%	1.5	10	334.0	334.5	1311	2709	80362	615496	-5844
↓铁矿1605	303.0	-0.49%	-1.5	2	302.5	303.0	493	1812	226184	1126712	10702
↑焦煤1601	584.0	0.95%	5.5	2	584.0	584.5	79	198	8454	68946	50
↑焦煤1605	517.0	0.19%	1.0	2	517.0	517.5	46	131	39658	103300	1870

图 12-3 自选界面的强弱对比

在自选界面使用强弱对比法，很快就可以看出强弱关系。如果你只盯着一个品种的盘口，看分时和明细，就容易忽略整个市场的气氛和变化。但现在你看的是整个市场的全部品种，很快就能找出强弱关系。对于和外盘联动的品种，也要一并看。观察时要将同类关联度较大的品种放在一起，这样很容易就能看出哪些品种是主动上涨的，哪些品种是被动上涨的。如果整体市场变强，品种是被动上涨的，就不要急着去做多它，相反一旦整体市场变弱，这个品种就是一个做空的目标，所谓的"恃强凌弱"就是这个道理。

任何品种的涨跌都有其内在和外在的原因，大家只要记住一句话：强有强的道理，弱也有弱的道理，特别是如果没有任何突发的消息，也没有特殊的理由，某个品种就单独地走弱或走强，这需要引起足够的警惕，因为这往往是主力资金真实的动向。这种没有消息的行情反而是最真实的。由突发消息引起的反向行情并不可怕，但是没有任何消息，资金突然开始反向推动行情，就真的有问题了。比如，在2014年，贵金属的行情波动就是这样。有消息的行情，往往是散户推动的行情，而没有任何消息的行情，特别是反向行情，往往是主力资金推动的行情。

12.2　不要吃鱼头和鱼尾

"在进行趋势交易时，对于行情只吃鱼身就行，不要去吃鱼头和鱼尾"，这是投资界常见的一句格言，应该如何去理解这句话呢？

一个完整的趋势行情，都是从前一个趋势行情终止，到本次行情终止的一个完整的周期。不论是趋势启动的确认，还是趋势终止的确认，都需要一个过程，并通过一定的形态来完成。比如，我们前面学过的各种底部形态和顶部形态，就是一个完整趋势的鱼头和鱼尾。

如果你想吃鱼头或者鱼尾，就得在"顶部"和"底部"不断地进行交易，但这种交易值得吗？为吃趋势行情的鱼头而不断抄底的例子本书在前面已经讲了很多，现在再以一个想吃趋势行情的鱼尾的实例来讲解这值不值得。

第 12 章 嵌套理论对交易实践的总结

贵州茅台是 2020 年以来的大牛股，股价在不到一年的时间内翻番，这对一只白马股来说非常难得，整个市场上对贵州茅台一片叫好，甚至对其他板块的牛股都冠以"某茅"的称号。在 2021 年 2 月 10 日，我们面临的就是如图 12-4 所示的这样一张 K 线图，当时市场一致认为，茅台股价过 3000 元/股轻而易举、指日可待。既然股价过 3000 元/股轻而易举，目前才 2600 元/股，为什么不继续把剩下的 400 元行情也吃下来呢？于是你在下一个交易日买入了贵州茅台。

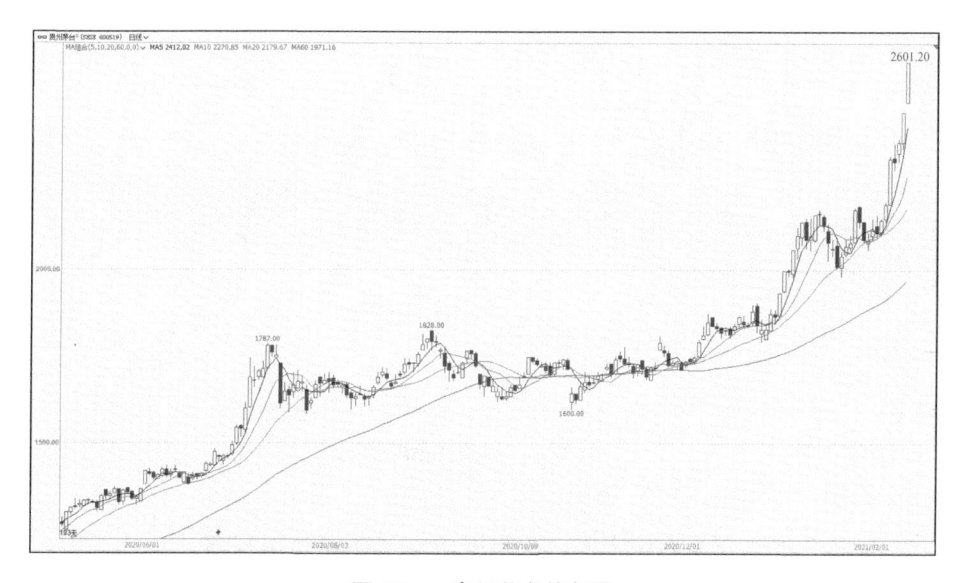

图 12-4　贵州茅台的鱼尾

嵌套理论是怎么看待贵州茅台在 2021 年 2 月 10 日的走势的呢？

嵌套理论认为，在 2021 年 2 月 10 日之前贵州茅台确实处于上涨趋势，并且应当采用趋势交易策略。但如果你理解了本书第 6 章关于"不值得交易的形态"的内容，就会发现此时的贵州茅台的走势并不属于可以交易的形态，K 线图的斜率、乖离率过高，不适宜进场，所以当时必须等待。如图 12-5 所示，在 2021 年 2 月 18 日贵州茅台走出 5% 的长阴跌幅后，我们要考虑的是按照本书第 4 章所介绍的"走完最流畅的一段行情"的方法先平仓出局观望。等到震荡行情的支撑位出现以后，我们再考虑按照趋势嵌套震荡的震荡交易策略在震荡区间的底部做多。比如，贵州茅台在 2021 年 3 月 9 日创下 1900.18 元/股的新低后开始反弹，我们可以认为这是一个较强的支撑位，然后在 5 月 7 日或 5 月 10 日按照震荡交易策略建仓，在 5 月 27 日行情显示有巨大压力时平仓，并在 7 月 26 日彻底离场。

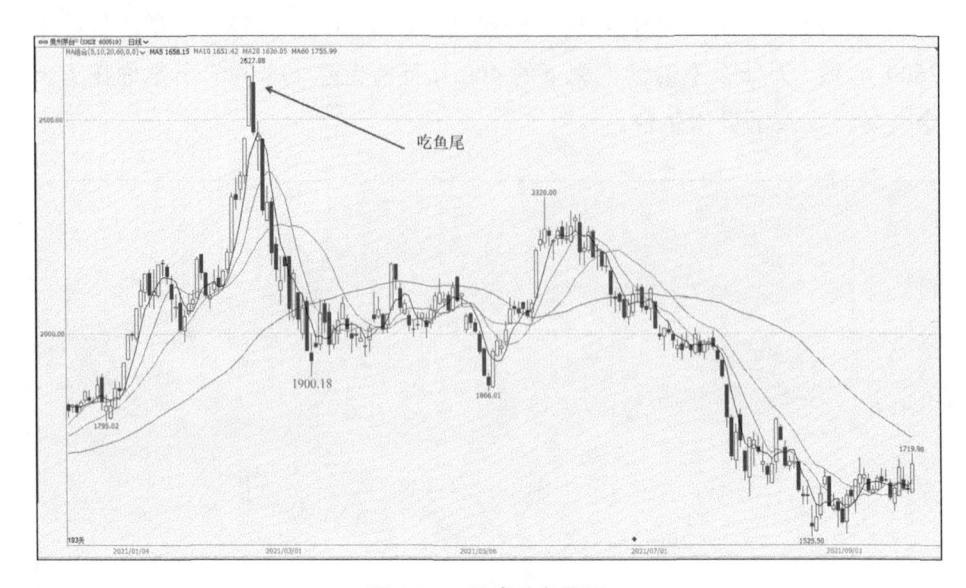

图 12-5　昂贵的鱼尾汤

从嵌套理论交易系统来看，你可能放弃了两段鱼尾行情：

（1）如果贵州茅台一路高歌直奔 3000 元/股，你就失去了在最后加仓的机会；

（2）如果贵州茅台的股价就按照实际表现出来的那样在 2600 元/股到顶，你是不可能在最高点 2600 元/股附近平仓的，只会在 2450～2500 元/股减仓，并最终在 1850 元/股附近彻底清仓，这样会损失不少的利润，甚至会亏损。

那应该怎么看待这个问题？

（1）虽然你可能失去了从 2600 元/股到 3000 元/股的行情，但是你规避了风险，这也是嵌套理论交易系统推崇低风险的体现。市场上可以交易的机会多得是，错过一次根本无足轻重。

（2）虽然你的平仓和清仓不是发生在最高价位，但是你的次高位平仓保住了大部分的利润，并且你在趋势终止前仍然有机会通过震荡交易策略增加利润。

（3）如果你是自始至终的嵌套理论交易者，在这轮行情中你会在2020年4月1200元/股附近进场并逐步加仓，在一年多的时间里，靠一个交易品种拿下30%～50%的利润还不满足吗？

（4）交易其实就是和自身人性的战斗，交易的本质不是预测，而是跟随。趋势行情的底部和顶部不是预测出来的，而是走出来的。大多数投资者的巨额亏损大都源自在趋势的底部和顶部的震荡磨损，即所谓的"做趋势的死在震荡里"。但如果我们放弃这两段最为"昂贵"的行情，交易绩效就会大幅度提升。其实，只要我们有耐心，放弃贪婪地抄底和摸顶，不自作聪明地去猜测行情，而是豁达地放弃鱼头和鱼尾，等到趋势完全明朗后再进行交易，就完全可以避免这些巨大的风险，立于不败之地。

12.3 如何进行追涨杀跌

追涨是指在价格上涨时买入（建仓），希望赚取更多的钱，并在价格上涨到一定程度后卖出（平仓）；杀跌是指在价格下跌时卖出（做空），然后等价格跌到较低的低点时再回购，从而获得下跌期间的收益。

追涨杀跌目前已经演变成了一个贬义词，它背后反映的是散户的贪婪和恐慌。对于一些经验不足或者资历不深的散户来说，经常性地追涨杀跌很容易得不偿失，因为大多数散户都比较欠缺分析能力，经常会被主力诱导追高或者恐慌抛售，导致高位接盘或者低位抛出廉价筹码。因此我们要引以为戒，避免盲目地进行追涨杀跌的操作。

但事实上，在趋势行情中进行追涨杀跌却是一个正确的做法。正如第 12.1 节所讲的，你要和强者站在一起，其结果必然是追涨杀跌，但为什么很多散户追涨杀跌失败了呢？笔者认为这主要是因为散户们使用的方法是错误的。

我们来看一下嵌套理论中追涨杀跌的正确方法。

1. 只追击值得追击的形态

本书第 6 章已经向读者推荐了几种值得交易的突破形态，在第 9 章也介绍了具体的追击方法，只有等到出现这样值得交易的追击形态时才可以用正确的方法追击。

2. 放弃风险大的追击形态

在本书第 6 章中，嵌套理论把那种乖离率过高的形态视为不值得交易的形态。因此如果目前出现的是这样的形态，则不宜追涨杀跌，本书第 12.2 节列举的贵州茅台的例子就是如此。

3. 追涨杀跌要果断

所谓果断，是指当出现值得交易的形态，并且量能和基本面也很好时，就要立即进场，不要因为已经错过了一小段行情而犹豫不决。如果你此刻不进场，等后面再进场，就会面临流畅行情已经走完后的行情调整风险。

图 12-6 所示是浦东金桥在 2013 年 5 月至 10 月的走势。在 2013 年 8 月 26 日开盘前，浦东金桥的走势已经蠢蠢欲动，不论是走势形态、移动平均线排列，还是 MACD 柱和成交量，都已经呈现出上涨的形态，值得投资者重点关注。在当天开盘后又传出了上海自贸区即将成立的消息，股价上涨气势如虹，此时就是追涨的最好时机。如果错过了当天的入场机会，那么第二天无论如何也要追涨杀入。但如果你连续错过几天，就不要再急着入场了，因为那个时候 K 线图的斜率过高、乖离率过高，行情已经属于不值得交易的形态了。

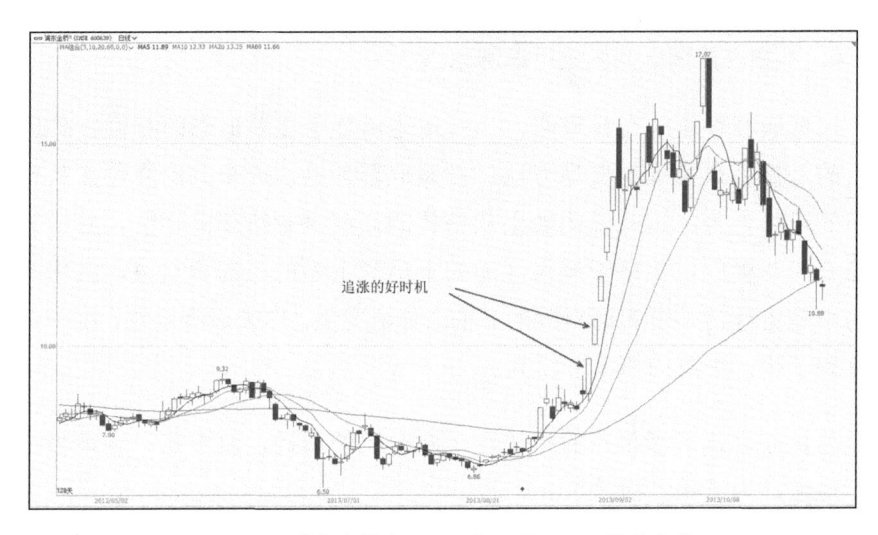

图 12-6　浦东金桥在 2013 年 5 月至 10 月的走势

　　图 12-7 所示是郑州商品交易所菜粕 1409 合约的走势。菜粕 1409 合约在前期是非常流畅的多头行情，但在 2014 年 6 月上涨趋势中止，进入了高位震荡状态。因为这个价格区间已经是历史高位，所以此时投资者应当保持高度的警惕。即使不清仓全部多头头寸，也要大幅度减仓。当 2014 年 7 月 7 日期价同时跌破震荡区间的支撑位和 60 日移动平均线时，投资者应当果断杀跌，再畅快地吃一波空头行情。

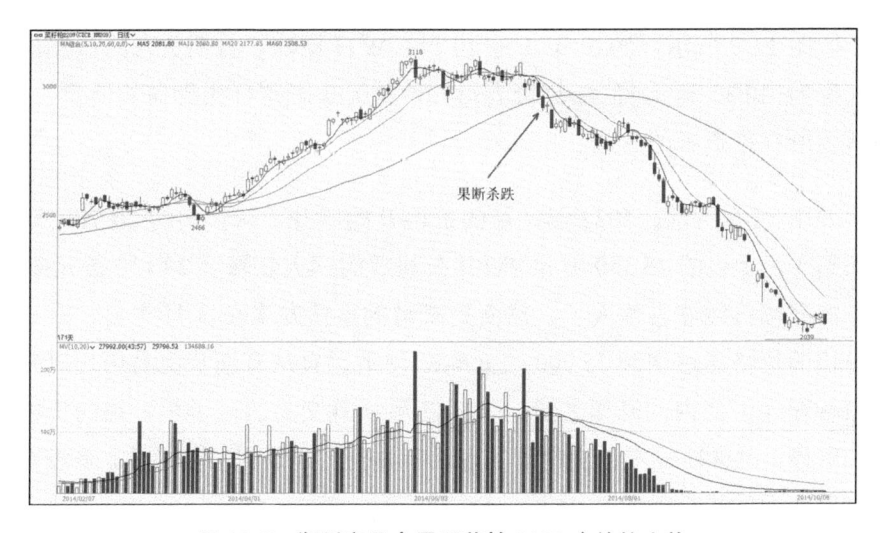

图 12-7　郑州商品交易所菜粕 1409 合约的走势

4．不要在震荡区间内进行追涨杀跌

根据嵌套理论的交易策略，当行情走势处于震荡形态的时候，你应该采用的是抄底或摸顶的交易方法。按照嵌套理论，一个大的震荡走势包含了小的趋势走势，这就说明如果从整体的高度来看待震荡行情，行情的走势是有天花板的，价格受震荡区间的上沿和下沿的压制和支撑，其中包含着的小趋势行情是短暂而有限的。在这种情况下，你去追涨杀跌，刚刚进去就碰到了头，失败的概率非常高。

总体而言，追涨杀跌的秘诀在于对时机的捕捉，而不是一味地为了追涨而追涨，为了杀跌而杀跌。

12.4　如何面对极端行情

做交易最怕面临极端行情，特别是当你的仓位很重的时候，极端行情完全可以让你血本无归。仅仅在最近这两年，我们就见证了原油和镍两次完全突破我们交易常识的极端行情，多少资金瞬间灰飞烟灭，更别说其他屡见不鲜的行情天地板了。

如图 12-8 所示，2020 年 4 月 20 日，WTI 原油 5 月期货合约居然出现最低价为 -40.32 美元/桶、结算价为 -37.63 美元/桶这样史无前例的负价格，刷新了所有投资者的三观。

如图 12-9 所示，2022 年，镍的价格开始飙升，从年初的 20 700 美元/吨涨到 3 月 1 日的 25 350 美元/吨，并在随后的三天狂涨至 29 130 美元/吨，这样的涨幅已经非常惊人了。然而更离谱的事情发生在 3 月 7 日，在一天之内镍的价格居然涨到 55 000 美元/吨，创下了自从有期货交易历史以来一个品种在一天之内的涨幅之最。但在随后恢复交易的日子里，镍的价格又连续跌停。在这种根本无法预测的极端行情里，如果你站错了队，是没有任何可以挽回的机会的。

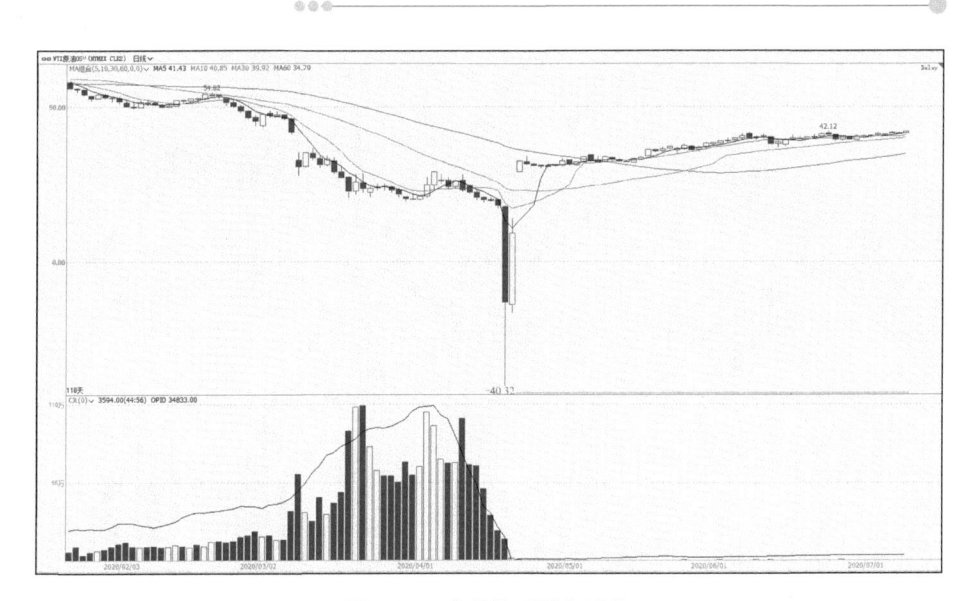

图 12-8　空前绝后的负油价

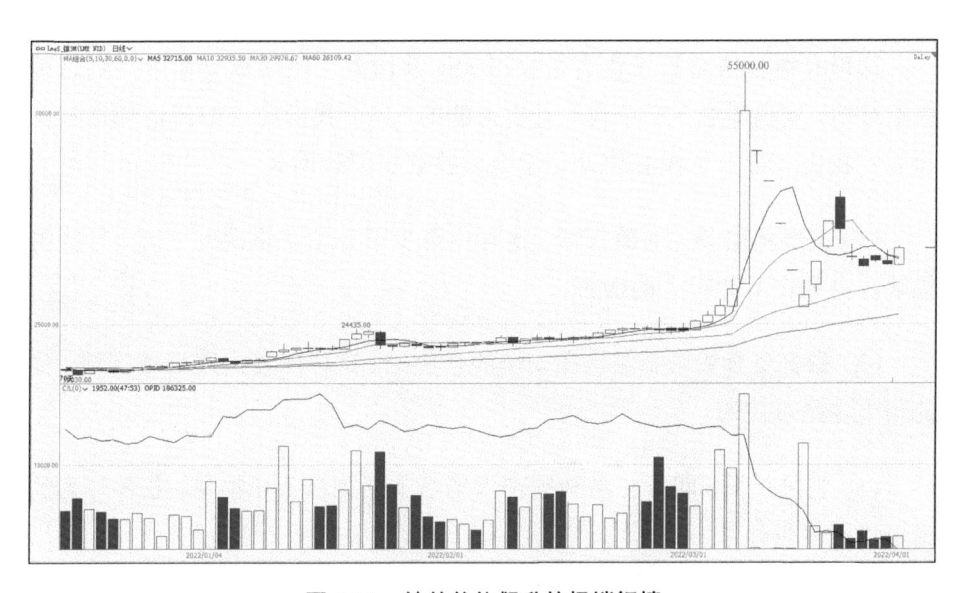

图 12-9　镍的价格飙升的极端行情

在一个交易日内行情出现天地板走势的案例更多。如图 12-10 所示，2016 年 11 月 11 日晚，郑州商品交易所棉花 1705 合约就经历了从涨停到跌停的大幅波动。

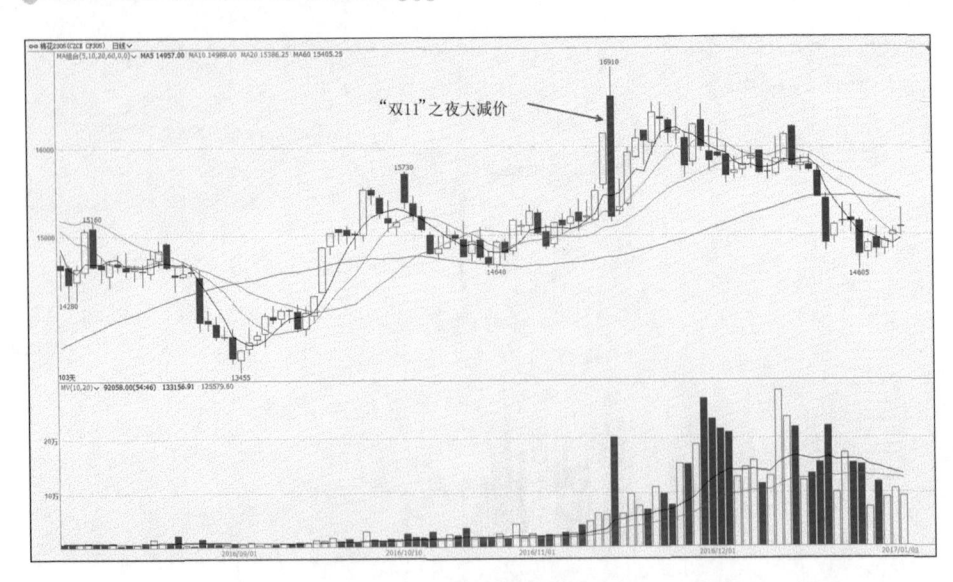

图 12-10　屡见不鲜的天地板

这种极端行情会给投资者带来极大的杀伤力，在期货交易中碰到这种极端行情，别说爆仓了，穿仓都是有可能的。那么我们应该如何避免这种风险呢？我们来看一下嵌套理论是怎么回答这个问题的。

（1）要顺势交易、追随行情，这样你至少不会站在错误的一方，行情再极端，对你也不会有大的伤害。

（2）做好资金管理，保持在安全的仓位上。这样即使出现极端行情，你的损失也是可控的。

（3）坚决止损，期货交易必须在入场后就立刻挂上止损单，条件许可的话可以挂云条件单。

（4）分散持仓，这也是防止"黑天鹅事件"发生的一个办法。然而即使你把鸡蛋放在不同的篮子里，而这些篮子都在一辆车上，也可能出现翻车的情形，所以前面讲的几点更为重要。

本书第 8 章提出的"轻仓、多品种、趋势交易"，才是普通投资者在市场上长久生存的正确之路。

12.5　嵌套理论交易流程图

为方便读者在学习嵌套理论后进行操作，笔者特意制作了两张嵌套理论交易流程图供大家参考。嵌套理论交易流程图针对绝大多数投资者在交易中会碰到的情况给出了应对策略，大家可以对照本书所介绍的内容来仔细体会。

趋势交易策略的交易流程图如图 12-11 所示。

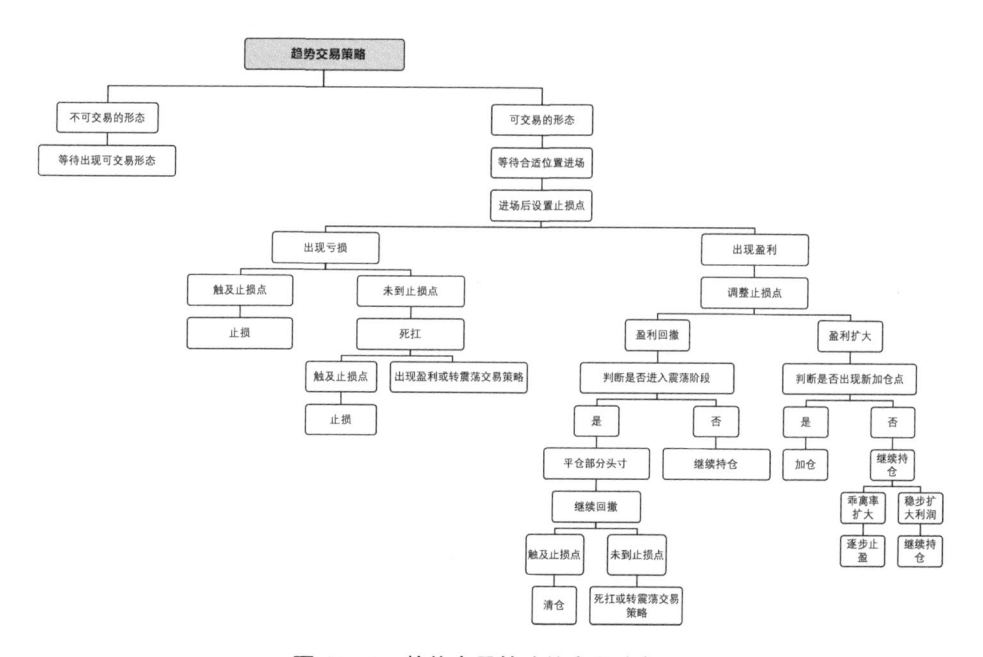

图 12-11　趋势交易策略的交易流程图

震荡交易策略的交易流程图如图 12-12 所示。

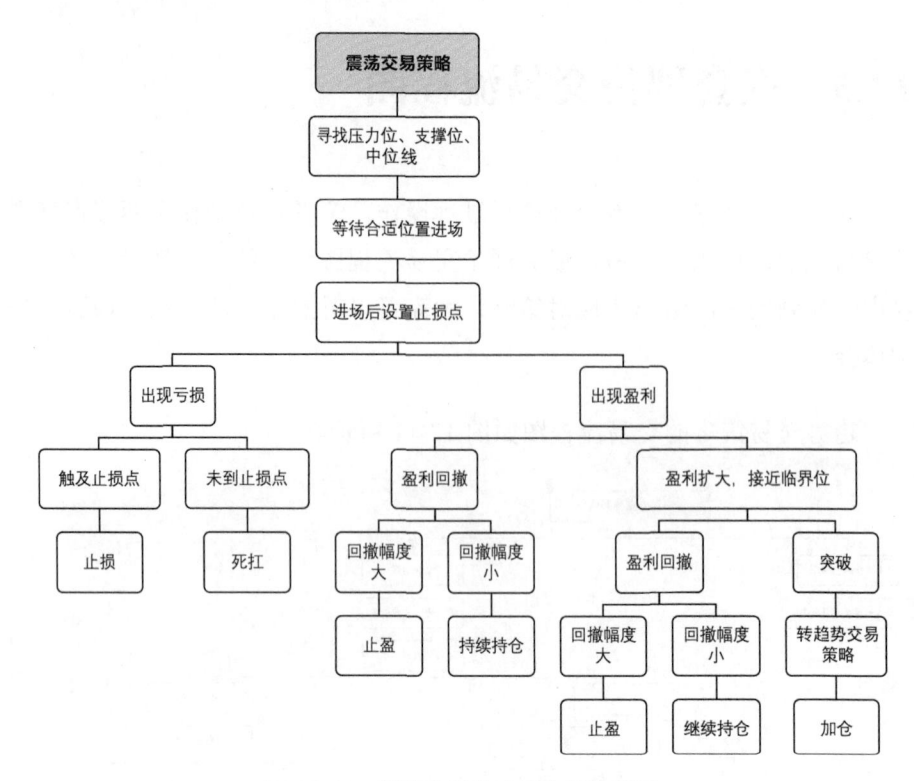

图 12-12　震荡交易策略的交易流程图

后　记

《金融市场交易策略——嵌套理论》一书终于完稿了。

笔者所著的《期货操作策略》自2016年上市以来一直受到读者的好评，出版社一再加印仍然供不应求。这让我感到压力巨大，总有"盛名之下，其实难副"的感觉，毕竟我的主业是执业律师，投资仅仅是我多年来的业余爱好而已。

多年来，我的身边一直有数千名小伙伴因共同的价值观聚集在一起，大家在一起谈论政治、经济、历史，交流生活、工作、投资的体会，其乐融融，好不快活。这其中有很多人也在从事股票、期货交易。因为受到我的影响，他们的投资理念也逐渐向我靠拢，从原来简单粗暴的投资方式，转变为有系统的交易。特别是在2016年以后，很多人学习了我在《期货操作策略》中首次提出的嵌套理论，并且付诸实践，取得了巨大的成功，为本书进行校对的我的徒弟sunny就是其中的典型。

这不由得让我进一步思考：为什么在同样的市场环境下，普通投资者的投资业绩也有可能远远超过明星基金经理的业绩呢？

就证券、期货投资领域而言，所谓的专业能力不仅仅体现在对金融知识的掌握和运用上，更重要的专业能力其实是交易能力，而交易能力的发挥却是不稳定的。在市场环境好的情况下，你的交易能力再差，都有可能成功；市场环境一变得复杂，再有名的投资家都有失败的可能。这也是"投资界容易出'神'，'神'也容易被打回原形"的主要原因。一时的成功不代表你会永远成功，在金融领域内没有永远的"神"。就普通投资者而言，他们追求的只是一个结果，根本不看重过程。

事实上，在投资领域里有很多默默无闻的成功者，我跟他们进行了多次交流，发现他们成功的方法其实很简单，就是在正确投资理念的指导下，按照正确的方法，积跬步以至千里。这才是真正的投资专业能力的体现，这才是需要大家学习和掌握的方法，这跟你所学的专业、拥有的学历、从事的工作并无太多的关系。我个人认为，如果普通投资者能够树立正确的投资理念，再辅之以简单易学的交易方法，也足以在投资领域中立足，假以时日，便会成功。我想，这也是《期货操作策略》这本书深受广大普通投资者欢迎的原因。

《金融市场交易策略——嵌套理论》是在《期货操作策略》的基础上进行的全面系统化总结，并且从内容上扩展到了投资者人数更多的股票领域。为完成此书，我在工作之余，从 2017 年开始，数易其稿，历时 5 年，才在今年 3 月定稿。为了能让普通投资者读懂这本书，我尽量用浅显的语言来描述复杂的交易原理和技术，并附上了大量的说明图。虽然本书仍然是以一本小册子的形式呈现给大家的，但包含了嵌套理论的精髓，并且留有很大的扩展余地。比如，书中提到的值得交易的形态、趋势通道中的震荡操作方法等，由于时间和篇幅的关系，并没有得到充分的讨论。笔者在原来的构思中，也曾设想将嵌套理论同更多其他的交易方法进行比较，并用嵌套理论去解释那些在投资界中众所周知的格言，但由于种种原因在这一版中未能实现。但我相信，目前展示给读者的这些内容，大家如果细心品味，再兼收并蓄，一定会有很大的收获。

为能同读者更好地交流，早在《期货操作策略》出版时，笔者就创建了一个 QQ 读者群（群号 491664982），本书的读者亦可加入其中共同交流交易心得。另外，笔者还专门申请了一个微信号，用于同大家就《金融市场交易策略——嵌套理论》的学习交流心得体会，这也是在为计划撰写的《期货操作策略》的第二版和本书的增补本做准备。非常期望能和读者们通过这种方式保持联系。

刘鹗在《老残游记》中云："天地生才有限，不宜妄自菲薄。"笔者虽然并非投资圈的人士，但也斗胆跨界，希望通过本书得到更多投资者的认同。

方晓滨（网名：金剑玉箫）

2022 年 5 月 1 日